ESPAÑOL EN DIRECTO

NIVEL 1A

AQUILINO SANCHEZ / MANUEL RIOS / JOAQUIN DOMINGUEZ

ESPAÑOL EN DIRECTO

NIVEL 1A

SOCIEDAD GENERAL ESPAÑOLA DE LIBRERIA, S. A.

MADRID

Primera edición, 1974
Segunda edición, 1975
Tercera edición, 1976
Cuarta edición, 1977
Quinta edición, 1978
Sexta edición, 1979
Séptima edición, 1980
Octava edición, 1982
Novena edición, 1983
Décima edición, 1984
Undécima edición, 1985
Duodécima edición, 1986
Décimotercera edición, 1987
Décimocuarta edición, 1988

Producción:
SGEL-EDUCACION
Marqués de Valdeiglesias, 5 - 28004 Madrid.

Colaboración especial: José A. Matilla
Dibujos: Mª del Carmen Bachs
Portada: Julián Santamaría

ISBN: 84-7143-027-4
Depósito legal: M. 7.517-1988
Impreso en España- Printed in Spain

Imprime: ANZOS, S. A. - Fuenlabrada (Madrid)
Encuaderna: ARANCHAMAGO, S. A.

El método que le ofrecemos a continuación pretende lograr que el alumno aprenda español de manera completa y eficaz. Al decir «completa» damos a entender que no nos limitamos a resaltar solamente las reglas o estructuras gramaticales, o la parte oral, o los ejercicios escritos.

Dado que cualquier lengua es fundamentalmente un *instrumento de comunicación,* queremos presentarla bajo este punto de vista y desde esta perspectiva.

Abarcamos, por tanto, no solamente el campo de las reglas y estructuras gramaticales, presentadas aquí de manera amena, clara y teniendo en cuenta la gradación en las dificultades, sino también la introducción y utilización del vocabulario dentro de un contexto natural, la insistencia en la práctica oral para familiarizarse con las reglas y estructuras de cada lección, la expresión oral creadora y no meramente repetitiva y, finalmente, la expresión escrita (por medio del cuaderno de ejercicios que acompaña a cada libro). A este respecto no olvidamos que actualmente para muchos es importantísimo el dominio de un idioma en el aspecto escrito tanto como en el oral, pues, en definitiva, la cultura actual se transmite a ambos niveles.

El fin primordial de aprender a *comunicarse* en español se pretende conseguir en cada lección por medio de:

1. Un **Diálogo,** que se ajusta a una situación natural. En él se introduce nuevo vocabulario, así como los puntos gramaticales sobre los cuales se llama la atención. Tanto lo uno como lo otro se dan, pues, dentro de un contexto.

2. **Esquema gramatical:** Presentación clara y sencilla de los puntos gramaticales. A dicho esquema siguen algunos ejercicios prácticos de carácter eminentemente oral. Los ejercicios escritos se reservan para el «Cuaderno de ejercicios» que acompaña al método.

3. **Amplíe:** Introducción de diferentes novedades (vocabulario, algunas precisiones sintácticas, morfológicas, etc.), todo ello visua-

lizado mediante un dibujo, para lograr mejor la *relación directa entre objeto, situación y lengua que se pretende aprender*, tratando así de impedir la interferencia de la lengua nativa.

4. **Hable:** El alumno debe basarse exclusivamente en el dibujo y ejercitarse en la práctica del español utilizando y siguiendo las indicaciones que se le dan en casa caso. También aquí se intenta eliminar la interferencia de la lengua nativa.

5. Tanto el **Amplíe** como el **Hable** suelen ir seguidos de ejercicios prácticos **(Practique).**

6. En ocasiones se hace alguna observación especial **(Observe, Recuerde)** con el fin de llamar la atención sobre los puntos que consideramos de mayor interés e importancia.

7. La **Situación:** Tiene como objeto la práctica de la creatividad del alumno en la expresión oral. Las situaciones son paralelas a las del diálogo y se mueven dentro del área de vocabulario ya conocido.

Todas ellas suelen tener una ligazón temática y se espera que el estudiante encuentre suficientes estímulos en los dibujos para crear un diálogo natural, utilizando así el vocabulario aprendido dentro de su contexto.

8. Periódicamente se introducen cuestiones fonéticas o de entonación. No se trata de una presentación exhaustiva. Se llama la atención sobre problemas específicos que consideramos de mayor interés o dificultad.

La pronunciación, así como la entonación, han de tener desde el principio una gran importancia en la clase. A tal fin, en el método ofrecemos un «Manual práctico de corrección fonética», acompañado de cintas magnetofónicas, que puede ser utilizado como material complementario y sistematizado.

A este libro acompañan, además del «Cuaderno de ejercicios», un conjunto de *estructuras gramaticales* relacionadas con cada lección para la práctica en el laboratorio de idiomas. Aunque no creemos que el aprendizaje de una lengua sea algo totalmente mecánico, no obstante, consideramos importante, en especial en los primeros niveles, la repetición de estructuras fundamentales para que el alumno se habitúe más fácilmente a la lengua que aprende.

Se ofrecerá igualmente un conjunto de diapositivas adecuadas a cada lección. Esto facilitará la utilización del proyector en la clase y, en consecuencia, la participación activa del grupo en la práctica oral de modo más efectivo.

Esperamos ofrecer así una contribución de interés a todos aquellos que estén interesados en el aprendizaje del español como segunda lengua. Una contribución actual, amena, eficaz, fruto de años de experiencia en el campo de la enseñanza, conjugados con los estudios lingüísticos de hoy en día.

1 | *¿Cómo te llamas?*

Bárbara: —Buenas tardes.
¿Es ésta la Escuela de Idiomas?

Carlo: —Sí. ¿Eres estudiante de español?

Bárbara: —Sí. ¿Y tú?

Carlo: —Yo también soy estudiante de español.
Me llamo Carlo.
Y tú, ¿cómo te llamas?

Bárbara: —Me llamo Bárbara.

Carlo: —Este es Klaus.
También es estudiante.
Es alemán.

Klaus: —Mucho gusto.

Bárbara: —Encantada.

Esquema gramatical

(yo)	SOY	
(tú)	ERES	estudiante
(él, ella)	ES	

Practique

I.

Bárbara.   .—**Bárbara es estudiante.**

1. tú.   —..
2. Carlo.   —..
3. yo.   —..
4. él.   —..
5. Klaus.   —..
6. ella.   —..

II.

¿Eres estudiante?   .—**Sí, soy estudiante.**

1. ¿Eres español?   —..
2. ¿Eres Bárbara?   —..
3. ¿Eres Klaus?   —..
4. ¿Eres alemán?   —..
5. ¿Eres Carlo?   —..
6. ¿Eres estudiante de español? —..

Amplíe

1. **Carlos** es **médico.**

2. **Manuel** es **ingeniero.**

3. **Pedro** es **profesor.**

4. **Antonio** es **alumno.**

5. **Miguel** es **arquitecto.**

6. **María** es **secretaria.**

7. **Carmen** es **enfermera.**

8. **Luis** es **peluquero.**

Practique

I.

¿Es Bárbara estudiante?	**.—Sí, es estudiante.**
1. ¿Es Carlos médico?	.—..
2. ¿Es Manuel ingeniero?	.—..
3. ¿Es Pedro profesor?	.—..
4. ¿Es Antonio alumno?	.—..
5. ¿Es Miguel arquitecto?	.—..
6. ¿Es María secretaria?	.—..
7. ¿Es Carmen enfermera?	.—..
8. ¿Es Luis peluquero?	.—..

II.

Bárbara.	**.—¿Eres Bárbara?**
1. Carlo.	.—..
2. Klaus.	.—..
3. Pedro.	.—..
4. Antonio.	.—..
5. Miguel.	.—..
6. María.	.—..
7. Carlos.	.—..
8. Carmen.	.—..

III. *Practíquese en la clase:*

A. Éste es José.

B. Mucho gusto.

C. Encantado(a).

Hable

Yo .... ruso.

Tú .... español.

Él .... alemán.

Carlo .... italiano.

María .... americana.

Yo .... inglés

Antonio .... francés.

Tú .... holandés.

Recuerde

I.

¿Cómo te llamas?	ME LLAMO ....

¿Cómo te llamas?	.—Me llamo Bárbara.
1.	.—..................................... Carlo.
2.	.—..................................... Klaus.
3.	.—..................................... María.
4.	.—..................................... Antonio.
5.	.—..................................... Miguel.
6.	.—..................................... Carlos.
7.	.—..................................... Carmen.
8.	.—..................................... Pedro.

II.

ÉSTE es	ÉSTA es ....

Pedro.	.—Éste es Pedro.
1. Carlo.	.—.....................................
2. Klaus.	.—.....................................
3. Antonio.	.—.....................................
4. Bárbara.	.—.....................................
5. Carlos.	.—.....................................
6. Andrés.	.—.....................................
7. Carmen.	.—.....................................
8. María.	.—.....................................

Situación I

Práctica oral: *Imagine un diálogo.*

1.

—...

—...

2.

—...

—...

3.

—...

—...

4.

—...

—...

7

Entonación

¿Eres estudiante?

.—Sí, soy estudiante.

1. ¿Eres médico?

.—Sí, soy médico.

2. ¿Eres ingeniero?

.—Sí, soy ingeniero.

3. ¿Eres profesor?

.—Sí, soy profesor.

4. ¿Eres alumno?

.—Sí, soy alumno.

5. ¿Eres arquitecto?

.—Sí, soy arquitecto.

6. ¿Eres secretaria?

.—Sí, soy secretaria.

7. ¿Eres enfermera?

.—Sí, soy enfermera.

8. ¿Eres peluquero?

.—Sí, soy peluquero.

Carlo: —Este es el bar de la Escuela. Es grande y agradable. Aquél es el camarero. Es muy simpático.

Ramón: —Buenas tardes. ¿Qué desean?

Carlo: —Yo, un café.

Klaus: —Y yo una cerveza. ¿También es estudiante aquel señor?

Carlo: —No, no es estudiante. Es profesor. Y las chicas son secretarias de la Escuela.

¡Mira! ¡Dos estudiantes nuevos!

Carlo y Klaus: —¡Hola! ¿También sois estudiantes extranjeros?

John: —Sí. Somos americanos. Yo soy de Florida.

David: —Yo de California. Y vosotros, ¿de dónde sois?

Carlo: —Yo soy italiano.

Klaus: —Y yo alemán.

Esquema gramatical I

(yo) (tú) (él, ella)	SOY ERES ES	italiano
(nosotros) (vosotros) (ellos, ellas)	SOMOS SOIS SON	italianos

Practique

(yo) soy italiano. *nosotros.* .—**Somos italianos.**

1. (tú) eres americano. *vosotros.* .—...
2. (él) es camarero. *ellos.* .—...
3. (yo) soy italiano. *vosotros.* .—...
4. (él) es simpático. *tú.* .—...
5. (tú) eres médico. *ellos.* .—...
6. (yo) soy arquitecto. *él.* .—...
7. (nosotros) somos peluqueros. *yo.* .—...
8. (ellos) son ingenieros. *él.* .—...

Amplíe

El **café** es **barato**.

El **jerez** es **caro**.

Pedro es **alto**.

Miguel es **bajo**.

El **sombrero** es **viejo**.

El **libro** es **nuevo**.

El **vino** es **bueno**.

El **perro** es **malo**.

El **médico** es **gordo**.

El **camarero** es **delgado**.

Hable

Soy español	NO soy español

—¿Eres español o americano?

—No soy español. Soy americano.

—¿Es Luis italiano o español?

—..

—¿Sois españoles o rusos?

—..

—¿Son alumnos o camareros?

—..

—¿Es médico o arquitecto?

—..

—¿Es francés o alemán?

—..

—¿Sois enfermeras o secretarias?

—..

—¿Somos profesores o estudiantes?

—..

Esquema gramatical II

EL UN	librO	LOS UNOS	librOS	a + el ⟶ AL de + el ⟶ DEL
LA UNA	casA	LAS UNAS	casAS	

LA casa.
 UNA casa.

EL libro.
 UN libro.

LAS enfermeras.
 UNAS enfermeras.

LOS médicos.
 UNOS médicos.

Practique

Complete con «el» o «la».

...... médico.

...... bar.

...... señor.

...... mesa.

...... peluquero.

...... libro.

...... señorita.

...... camarero.

...... enfermera.

...... casa.

...... profesor.

...... arquitecto.

...... estudiante.

...... secretaria.

Observe

ESTE libro.

AQUEL libro.

ESTA mesa.

AQUELLA mesa.

Practique

ESTE librO	es	nuevO

Este vino es bueno. .—**Aquel vino también es bueno.**

1. Este camarero es simpático. .—...
2. Este médico es gordo. .—...
3. Este sombrero es viejo. .—...
4. Este profesor es delgado. .—...
5. Este libro es nuevo. .—...
6. Este señor es italiano. .—...
7. Este estudiante es extranjero. .—...

Practique

estA casA es nuevA

Esta casa es nueva.   **.—Aquella casa también es nueva.**

1. Esta enfermera es alta.   .—...
2. Esta mesa es baja.   .—...
3. Esta casa es vieja.   .—...
4. Esta secretaria es simpática.   .—...
5. Esta Escuela es nueva.   .—...
6. Esta chica es italiana.   .—...
7. Esta señorita es francesa.   .—...
8. Esta alumna es alta.   .—...

Recuerde

Soy español.   **.—Soy de España.**

1. Soy alemán.   .—...
2. Soy francés.   .—...
3. Soy italiano.   .—...
4. Soy inglés.   .—...
5. Soy holandés.   .—...
6. Soy americano.   .—...
7. Soy ruso.   .—...

Situación II

Práctica oral: *Imagine un diálogo.*

1.

—...
—...

2.

—...
—...

3.

—...
—...

4.

—...
—...

3 | *¿Cómo es?*

Antonio: —¿Es ésta la casa de Juan?

Bárbara: —No, ésta no es.

Antonio: —¿Dónde está?

Bárbara: —Está en la calle del Pino.
Es la próxima calle a la derecha.

Antonio: —¿Cómo es la casa?

Bárbara: —Es un edificio antiguo.
Delante de la casa hay un jardín. Es pequeño. En el jardín hay un árbol. Está en el centro. También hay un banco. Está debajo del árbol. Sobre la puerta hay un balcón. En el balcón hay muchas plantas.

Antonio: —Entonces, ¿es aquélla?

Bárbara: —Sí.
Delante de la puerta está la madre de Juan.

Antonio: —Buenos días, señora.
¿Está Juan en casa?

Señora: —Sí, está con los niños.
Están en el patio, detrás de la casa.

Esquema gramatical I

LA	CAS -**A**	LAS	CASA -**S**
EL	LIBR -**O**	LOS	LIBRO -**S**
EL	PROFESOR	LOS	PROFESOR -**ES**
LA	PROFESOR -**A**	LAS	PROFESORA -**S**
ESTÁ		**ESTÁN**	

La casa.

Las casas.

El libro.

Los libros.

La enfermera.

Las enfermeras.

El doctor.

Los doctores.

El gato.

Los gatos.

Amplíe

uno

En el **jardín hay** un **árbol.**
El árbol está en el jardín.

dos

Sobre la **mesa hay** una **botella.**
La botella está sobre la mesa.

tres

Delante del hospital hay una **ambulancia.**
La ambulancia está delante del hospital.

cuatro

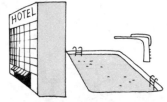

Detrás del hotel hay una **piscina.**
La piscina está detrás del hotel.

cinco

Debajo del árbol hay un **banco.**
El banco está debajo del árbol.

seis

Al lado del hotel hay un **teatro.**
El teatro está al lado del hotel.

siete

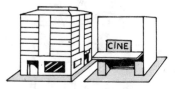

A la derecha hay un **cine.**
El cine está a la derecha.

ocho

A la izquierda hay una **cafetería.**
La cafetería está a la izquierda.

nueve

En la **plaza** hay una **iglesia.**
La iglesia está en la plaza.

diez

Al lado de la iglesia hay un Banco.
El Banco está al lado de la iglesia.

Hable

ESTÁ	ESTÁN

El libro está sobre la mesa. ....

.... al lado de ....

.... delante de ....

.... debajo del ....

.... a la izquierda ....

.... detrás de ....

Practique

I.

¿Dónde está Juan? *en casa.*   .—**Juan está en casa.**

1. ¿Dónde está Luis? *en la oficina.* .—...
2. ¿................ María? *en el jardín.* .—...
3. ¿................ Antonio? *en el hotel.* .—...
4. ¿................ José? *en la piscina.* .—...
5. ¿................ el médico? *en el hospital.* .—...
6. ¿................ el profesor? *en la escuela.* :—...
7. ¿................ el camarero? *en el bar.* .—...
8. ¿................ el peluquero? *en la peluquería.* .—...

Nota especial

a + el ⟶ **AL**	de + el ⟶ **DEL**

II.

¿Dónde está el árbol? *en el centro.*   .—**El árbol está en el centro.**

1. ¿Dónde está el diccionario? *sobre la mesa.* .—.............................
2. ¿.............. el teatro? *al lado de la iglesia.* .—.............................
3. ¿.............. el cine? *a la derecha.* .—.............................
4. ¿.............. la piscina? *detrás del hotel.* .—.............................
5. ¿.............. la ambulancia? *delante de la puerta.* .—.............................
6. ¿......... están los bancos? *debajo del árbol.* .—.............................
7. ¿.............. las mesas? *en el centro.* .—.............................
8. ¿.............. las ventanas? *a la izquierda.* .—.............................

Esquema gramatical II

H A Y	**un libro** **unos libros**

Practique

I.

¿Hay un árbol en el jardín?   **.—Sí, en el jardín hay un árbol.**

1. ¿Hay un diccionario en la clase?   .—..
2. ¿Hay un teatro en la plaza?   .—..
3. ¿Hay un cine en esta calle?   .—..
4. ¿Hay unos gatos debajo del árbol?   .—..
5. ¿Hay una ambulancia en el hospital? .—..
6. ¿Hay unos bancos en el jardín?   .—..
7. ¿Hay unas mesas en el bar?   .—..
8. ¿Hay una ventana en la casa?   .—..

II.

¿Qué hay en la plaza? *un hotel.*   **.—En la plaza hay un hotel.**

1. *una iglesia.*   .—..
2. *un hospital.*   .—..
3. *un teatro.*   .—..
4. *una cafetería.*   .—..
5. *unos bancos.*   .—..
6. *unos árboles.*   .—..
7. *un cine.*   .—..
8. *unas escuelas.*   .—..

Recuerde

I.

¿CÓMO ES LA CASA?

puerta.	.—¿Cómo es la puerta?
1. *jardín.*	.—...
2. *árbol.*	.—...
3. *enfermera.*	.—...
4. *patio.*	.—...
5. *calle.*	.—...
6. *iglesia.*	.—...
7. *hospital.*	.—...
8. *hotel.*	.—...

II.

¿DÓNDE ESTÁ ....?

el libro.	.—¿Dónde está el libro?
1. *el médico.*	.—...
2. *el gato.*	.—...
3. *el hotel.*	.—...
4. *la puerta.*	.—...
5. *el banco.*	.—...
6. *la ambulancia.*	.—...
7. *la mesa.*	.—...
8. *la clase.*	.—...

Situación III

Práctica oral: *Describa el dibujo siguiente.*

Bárbara:	—Buenos días. ¿Está Juan en casa?
Madre:	—Sí, está en la cama.
Carlos:	—¿No está bien?
Madre:	—No, está enfermo.

Carlos:	—¡Hola, Juan! ¿Cómo estás?
Juan:	—Estoy resfriado. Y vosotros, ¿Cómo estáis?
Bárbara:	Nosotros estamos muy bien. Hoy es fiesta y no hay clase.

	¿Un cigarrillo?
Carlos:	—No, gracias. El tabaco negro es muy fuerte.
Bárbara:	—Esta habitación es muy agradable.

Juan:	—Sí, pero soy muy perezoso y siempre está desordenada... ¡Qué calor...!

Carlos:	—¡Claro! La ventana está cerrada... ¿Estás cómodo ahora?
Juan:	—Sí, gracias. Estoy muy bien.

Esquema gramatical I

(yo)	**ESTOY**	cansado
(tú)	**ESTÁS**	
(él)	**ESTÁ**	bien
(nosotros)	**ESTAMOS**	cansados
(vosotros)	**ESTÁIS**	
(ellos)	**ESTÁN**	bien

Practique

I.

¿Cómo está Luis?   .—**Luis está bien.**

1. ¿Y tú?   .—.....................................
2. ¿Y los niños?   .—.....................................
3. ¿Y María?   .—.....................................
4. ¿Y vosotros?   .—.....................................
5. ¿Y Pedro y Antonio?   .—.....................................
6. ¿Y José?   .—.....................................
7. ¿Y ellos?   .—.....................................
8. ¿Y ella?   .—.....................................

II.

¿Cómo estás? *enfermo.*   .—**Estoy enfermo.**

1. ¿Cómo está ella? *bien.*   .—.................................
2. ¿Cómo estáis vosotros? *cansados.*   .—.................................
3. ¿Cómo están ellos? *resfriados.*   .—.................................
4. ¿Cómo estás? *enfermo.*   .—.................................
5. ¿Cómo está Juan? *cómodo.*   .—.................................
6. ¿Cómo está la habitación? *desordenada.* .—.................................
7. ¿Cómo está la ventana? *cerrada.*   .—.................................
8. ¿Cómo estáis? *bien.*   .—.................................

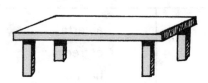

La mesa es **larga**.

La mesa está **limpia**.

Juan es **simpático**.

Juan está **enfermo**.

El **cuadro** es **estrecho**.

El cuadro está **roto**.

El médico es **inteligente**.

El médico está **cansado**.

La mesa es **redonda**.

La mesa está **sucia**.

Practique

I.

La ventana		abierta
La puerta		estrecha
El bar	ES	barato
El camarero		simpático
El libro	ESTÁ	ancha
El estudiante		agradable
La casa		cerrado
Juan		enfermo

II.

ventana. .—¿Cómo está la ventana?

1. camarero. .—...
2. Manolo. .—...
3. nosotros. .—...
4. María. .—...
5. médico. .—...
6. secretaria. .—...
7. madre. .—...
8. habitación. .—...

Hable

once

ancha/cerrada.

La ventana es ancha.
La ventana está cerrada.

doce

agradable/abierto.

trece

simpática/cansada.

catorce

alto/enfermo.

quince

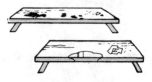

largas/sucias.

dieciséis.

limpias/redondas.

diecisiete

cansados/agradables.

dieciocho

limpios/interesantes.

diecinueve

barato/roto.

veinte

grande/abierto.

Esquema gramatical II

ESTE	libro	es	blanco
ESTO-S	libro-s	son	blanco-s
ESTA	mesa	es	blanca
ESTA-S	mesa-s	son	blanca-s
AQUEL	cuadro	es	bueno
AQUELLO-S	cuadro-s	son	bueno-s
AQUELLA	casa	es	alta
AQUELLA-S	casa-s	son	alta-s

Practique

Estas casas son altas.   .—**Aquellas casas también son altas.**

1. Estos libros son baratos.   .—......................................
2. Estos cuadros son interesantes.   .—......................................
3. Estos edificios son grandes.   .—......................................
4. Estas ventanas están abiertas.   .—......................................
5. Estos sombreros están rotos.   .—......................................
6. Estas ventanas son altas.   .—......................................
7. Estas habitaciones son grandes.   .—......................................
8. Esta casa es alta.   .—......................................
9. Aquella ventana es estrecha.   .—......................................
10. Este estudiante está cansado.   .—......................................
11. Este niño está enfermo.   .—......................................
12. Aquella señorita es agradable.   .—......................................
13. Aquella calle es ancha.   .—......................................
14. Esta silla es cómoda.   .—......................................

Situación IV

Práctica oral: *Imagine un diálogo.*

1.

—..
—..

2.

—..
—..

3.

—..
—..

4.

—..
—..

Escena de un pueblo español.

5 | *¿Qué desea?*

Conserje:	—¿Qué desea?
Estudiante:	—Deseo información sobre los cursos de español.
Conserje:	—Pero usted ya habla español...
Estudiante:	—Hablo muy poco. Necesito perfeccionar el idioma.

Conserje:	—¿De dónde es?
Estudiante:	—Soy holandés.
Conserje:	—¿Qué idiomas habla?
Estudiante:	—Hablo inglés, alemán y francés.

Conserje:	—¿Estudia o trabaja?
Estudiante:	—Trabajo en una oficina de importación y por las tardes estudio.

Conserje:	—¿Usa el español en el trabajo?
Estudiante:	—Sí. Importamos productos españoles y sudamericanos.
Conserje:	—Esto es todo. Firme aquí. Muchas gracias.

Esquema gramatical

PRESENTE EN -AR					
trabajar estudiar cantar tomar pasear pintar nadar llevar comprar	**(yo)** **(tú)** **(él, ella)** **(nosotros)** **(vosotros)** **(ellos, -as)**	trabaj - **o** trabaj - **as** trabaj - **a** trabaj - **amos** trabaj - **áis** trabaj - **an**	estudi - **o** estudi - **as** estudi - **a** estudi - **amos** estudi - **áis** estudi - **an**	-O -AS -A -AMOS -ÁIS -AN	

Practique

I.

¿Qué estudias? *español.*   **—Estudio español.**

1. ¿Qué estudia María? *inglés.*   .—.................................
2. ¿Qué estudiáis vosotros? *ruso.*   .—.................................
3. ¿Qué estudian José y Carlos? *francés.*   .—.................................
4. ¿Qué estudia Antonio? *alemán.*   .—.................................
5. ¿Qué estudia usted? *italiano.*   .—.................................

II.

¿Dónde trabaja usted? *en una oficina.*   **.—Trabajo en una oficina.**

1. ¿Dónde trabaja Isabel? *en un hospital.*   .—.................................
2. ¿Dónde trabajan ustedes? *en un bar.*   .—.................................
3. ¿Dónde trabajan Luis y Carlos? *en un hotel.*   .—.................................
4. ¿Dónde trabajáis vosotros? *en un banco.*   .—.................................
5. ¿Dónde trabajas? *en una escuela.*   .—.................................

Amplíe

Los Sres. López **escuchan** la **radio**.

Marta **pinta** un **cuadro**.

Pedro **toca** la **guitarra**.

Isabel **prepara** la **comida**.

Los niños **nadan** en el **río**.

Los estudiantes **pasean** por el parque.

Cantamos una **canción**.

María **lava** una **camisa**.

Carlos **lleva** una **maleta**.

José **fuma** un **cigarrillo**.

Hable

trabajar.
La enfermera trabaja en el hospital.

estudiar.

nadar.

pasear.

estudiar.

tomar café.

pintar.

fumar.

comprar.

llevar.

Observe

El problema es **fácil.**
La suma es **fácil.**

Los problemas son **fácilES.**
Las sumas son **fácilES.**

El problema es **difícil.**
La fórmula es **difícil.**

Los problemas son **difícilES.**
Las fórmulas son **difícilES.**

Algunos adjetivos tienen la misma terminación para el masculino y femenino.

Los adjetivos con consonante final forman el plural añadiendo **-ES** al singular: **difícil -ES.**

Los adjetivos acabados en vocal forman el plural añadiendo **-S** al singular: **blanco -S, blanca -S.**

Practique

I.

1. Esta lección es fácil.   .—Estas lecciones son ....
2. Este niño es alemán.   .—...
3. Esta casa es agradable.   .—...
4. Este señor es inglés.   .—...
5. Aquella enfermera es muy amable.   .—...
6. Esta lección es muy difícil.   .—...
7. Aquel hotel es muy grande.   .—...
8. Este médico es español.   .—...

¿CÓMO ES?	¿CÓMO SON?

II. *Responda:*

1. ¿Cómo es el problema?   —.,...
2. ¿Cómo son los estudiantes?   —...
3. ¿Cómo es la casa?   —...
4. ¿Cómo es la lección?   —...
5. ¿Cómo es la enfermera?   —...
6. ¿Cómo es el libro?   —...,.
7. ¿Cómo es el café?   —...
8. ¿Cómo es el hotel?   —...

Recuerde

I. *Forme frases usando un elemento de cada columna:*

Juan	escucha	inglés
Luis	hablan	la radio
Pedro y María	trabajas	en la universidad
Luis y yo	estudio	la guitarra
Ud.	tocáis	un cuadro
Juan y tú	pinta	flores
Tú	tomo	un vaso de vino
Yo	nadan	en el río
	compramos	

II.

¿QUÉ DESEA UD.?

desear.   .—¿Qué desea Ud.?

1. cantar.   .—...

2. estudiar.   .—...

3. comprar.   .—...

4. lavar.   .—...

5. llevar.   .—...

6. fumar.   .—...

7. tomar.   .—...

8. escuchar.   .—...

Situación V

Práctica oral: *Imagine un diálogo.*

1.

—..
—..

2.

—..
—..

3.

—..
—..

4.

—..
—..

Luis: —¿Comes hoy en casa?

Isabel: —No. A mediodía siempre como en un restaurante.

Luis: —¿Comemos juntos, entonces?

Isabel: —Estupendo. ¿Dónde?

Luis: —¿Ves aquel restaurante al otro lado de la calle? Hay un menú barato y bueno.

(En el restaurante)

Luis: —De primero hay ensalada, sopa o paella. Todos los jueves hacen paella.

ABRIL				
LUNES	1	8	15	22
MARTES	2	9	16	23
MIERCOLES	3	10	17	24
JUEVES	4	11	18	25
VIERNES	5	12	19	26
SABADO	6	13	20	27
DOMINGO	7	14	21	28

Isabel: —¿Qué hay de segundo?

Luis: —Carne, huevos o pescado. Y de postre fruta y helado.

Isabel: —Bien. Yo tomo paella y después pescado.

Luis: —Yo también tomo paella. Y luego chuleta con patatas. ¿Bebemos vino?

Isabel: —Sí. Yo siempre bebo vino con la comida.

Luis: —¡Camarero, por favor!

Esquema gramatical

PRESENTE EN -ER	comer beber coser correr coger leer comprender vender recoger ver	(yo) (tú) (él) (nosotros) (vosotros) (ellos)	com - **O** com - **ES** com - **E** com - **EMOS** com - **ÉIS** com - **EN**	v - e - **O** v - e - **S** v - **E** v - **EMOS** v - **ÉIS** v - **EN**	**-O** **-ES** **-E** **-EMOS** **-ÉIS** **-EN**

PERO: *Hacer*

Ha - **G** - **O** hac - **ES** hac - **E** hac - **EMOS** hac - **ÉIS** hac - **EN**

Practique

¿Qué lees? *un libro.*   .—**Leo un libro.**

1. ¿Qué bebes? *cerveza.*   .—...
2. ¿Qué bebe José? *vino.*   .—...
3. ¿Qué bebe Ud.? *agua.*   .—...
4. ¿Qué bebéis vosotros? *leche.*   .—...
5. ¿Qué lee María? *un periódico.*   .—...
6. ¿Qué leen los niños? *un libro.*   .—...
7. ¿Qué lees? *una novela.*   .—...

Amplíe

11. José y Carlos **beben cerveza** en el bar.

12. Los deportistas **corren** en la **pista**.

13. Maria **coge naranjas** en el jardín.

14. Antonio **lee** el **periódico** en el **cuarto de estar**.

15. **Vemos** una película en el cine.

16. **Vendo** libros en una **librería**.

17. Doña Isabel **cose** una camisa en su habitación.

18. Los niños **hacen** los **deberes** en casa.

19. Nosotros **leemos** la lección en clase.

20. La anciana **ve** los coches en la calle.

Hable

1. vino.
José bebe vino.

2. parque.

3. novela.

4. las maletas.

5. televisión.

6. tienda.

7. deberes.

8. falda.

9. inglés.

10. los coches.

Días de la semana

—Los lunes **comemos** en un restaurante.
—Los martes **vemos** una película.
—Los miércoles **leemos** una revista.
—Los jueves **cogemos** el autobús.
—Los viernes **vemos** una obra de teatro.
—Los sábados **vendemos** periódicos.
—Los domingos **hacemos** deporte.

Hable

¿QUÉ DÍA ES HOY?	ES LUNES ......
¿QUÉ COMES?	COMO ......

LUNES: **pescado.**

MARTES: **tortilla.**

MIÉRCOLES: **ensalada.**

JUEVES: **paella.**

VIERNES: **entremeses.**

SÁBADO: **pollo.**

DOMINGO: **chuletas.**

Recuerde

Carlos		comprende el español
Carlos	**NO**	comprende el español

I.

¿Comprendes el inglés?   .—**No, no comprendo el inglés.**

1. ¿Comprende Ud. el italiano?   .—No, ...
2. ¿Comprendéis el ruso?   .—No, ...
3. ¿Comprende Carlos el holandés?   .—No, ...
4. ¿Comprendes el alemán?   .—No, ...
5. ¿Comprenden ellos el francés?   .—No, ...
6. ¿Comprendéis el japonés?   .—No, ...
7. Comprenden Uds. el español?   .—No, ...

José	estudia		la	lección
¿Dónde	estudia	José	la	lección?

II.

José estudia la lección.   .—**¿Dónde estudia José la lección?**

1. María escucha la radio.   .—..
2. Leemos el periódico.   .—..
3. Los estudiantes toman café.   .—..
4. María vende libros.   .—..
5. Hago los deberes.   .—..
6. Antonio ve la televisión.   .—..
7. Carmen come una tortilla.   .—..

Situación VI

Práctica oral: *Imagine un diálogo.*

1.

—..

—..

2.

—..

—..

3.

—..

—..

4.

—..

—..

g + a o u ⟶ [g]	g + e i ⟶ [x]	
gato gordo gusto	coger gente ginebra gitano	

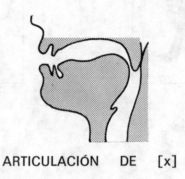

ARTICULACIÓN DE [x]

Ejemplos:

caja
gemir
gitano
Juan

1. Esta gente es muy joven.
2. Juan come naranjas.
3. José coge una caja.
4. El ingeniero bebe ginebra.

Luisa: —¿Tienes el periódico de hoy?

Marta: —Sí. Está sobre la mesa. ¿Para qué lo quieres?

Luisa: —Para mirar la «cartelera de espectáculos». Esta noche podemos ver una película.

Marta: —Es una buena idea. Aquí está.

Luisa: —Gracias. Pero éste no es el periódico de hoy. Es del día 22 de abril. Y hoy estamos a 24.

Marta: —Perdona. Soy muy despistada. Este es.

Luisa: —A ver... Ponen una película interesante en el cine Apolo.

Marta: —¿A qué hora empieza?

Luisa: —A las 11. Ahora son las 9,30.

Marta: —Tenemos mucho tiempo. ¿Cenamos antes?

Luisa: —Por supuesto. Tengo mucha hambre.

Esquema gramatical

		E $\longrightarrow$ IE	
PRESENTE	**COMER** com -**O** -**ES** -**E** -**EMOS** -**ÉIS** -**EN**	**QUERER** quiero quieres quiere queremos queréis quieren	**TENER** tengo tienes tiene tenemos tenéis tienen
PRESENTE	**AMAR** am -**O** -**AS** -**A** -**AMOS** -**ÁIS** -**AN**	**CERRAR** cierro cierras cierra cerramos cerráis cierran	**EMPEZAR** empiezo empiezas empieza empezamos empezáis empiezan

PONER:	pongo, pones, pone, ponemos, ponéis, ponen.
HACER:	hago, haces, hace, hacemos, hacéis, hacen.

Amplíe

veintiuno

1. **Tengo** un tocadiscos.

veintidós

2. **Quiero escuchar** un disco.

veintitrés

3. Isabel **tiene** una **bicicleta.**

veinticuatro

4. Isabel **quiere** comprar un coche.

veinticinco

5. **Tenemos** calor.

veintiséis

6. **Queremos** tomar un helado.

veintisiete

7. **Tienen** frío.

veintiocho

8. **Quieren** cerrar la ventana.

veintinueve

9. Los niños **tienen** hambre.

treinta

10. **Quieren** comprar un **bocadillo.**

Practique

I.

Yo tengo una guitarra, ¿y tú?   .—**Yo también tengo una guitarra.**

1. Yo tengo un vaso, ¿y Luis?   .—.....................................
2. José tiene una novela, ¿y Ud.?   .—.....................................
3. Uds. tienen un cuadro, ¿y ellos?   .—.....................................
4. Tú tienes un jardín, ¿y nosotros?   .—.....................................
5. Ud. tiene un gato, ¿y María?   .—.....................................
6. Yo tengo una maleta, ¿y Ud.?   .—.....................................
7. Tenemos un periódico, ¿y vosotros?   .—.....................................
8. Tienen una radio, ¿y tú?   .—.....................................

↑

TENGO......	¿QUIERES......?

↓

II.

cerveza.   .—**¿Quieres una cerveza?**
Juan.   .—**¿Quiere Juan una cerveza?**

1. *novela.*   .—.....................................
   Ud.   .—.....................................
2. *un libro.*   .—.....................................
   María.   .—.....................................
3. *un coche.*   .—.....................................
   José.   .—.....................................
4. *una camisa.*   .—.....................................
   vosotros.   .—.....................................
5. *una silla.*   .—.....................................
   Uds.   .—.....................................
6. *un gato.*   .—.....................................
   nosotros.   .—.....................................

III.

¿Quieres una guitarra?	.—Ya tengo una.
1. ¿Quieres un diccionario?	.—..
2. ¿Quieres una radio?	.—..
3. ¿Quieren Uds. una casa?	.—..
4. ¿Quiere Juan un periódico?	.—..
5. ¿Queréis una maleta?	.—..
6. ¿Quieres una bicicleta?	.—..
7. ¿Quieren los niños un gato?	.—..
8. ¿Quiere Ud. un bocadillo?	.—..

¿QUÉ QUIERES ....?	QUIERO ....

IV.

¿Qué quieres comprar? *un libro.*	.—Quiero comprar un libro.
1. *un disco.*	.—..
2. *una casa.*	.—..
3. *una mesa.*	.—..
4. *una silla.*	.—..
5. *un gato.*	.—..
6. *un cuadro.*	:—..
7. *un helado.*	.—..
8. *un coche.*	.—..

La hora: ¿Qué hora es?

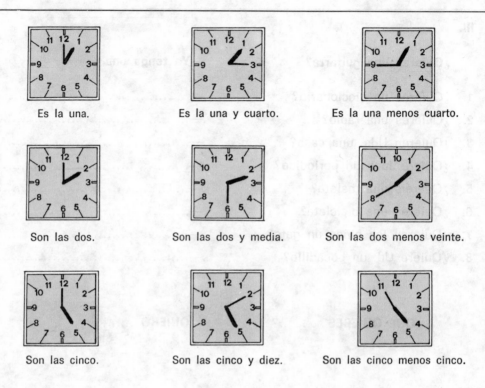

Es la una.

Es la una y cuarto.

Es la una menos cuarto.

Son las dos.

Son las dos y media.

Son las dos menos veinte.

Son las cinco.

Son las cinco y diez.

Son las cinco menos cinco.

Los meses: ¿A qué estamos hoy?

—Estamos a 1 de   ENERO.
20 de   FEBRERO.
10 de   MARZO.
7 de   ABRIL.
15 de   MAYO.
30 de   JUNIO.
26 de   JULIO.
2 de   AGOSTO.
28 de   SEPTIEMBRE.
22 de   OCTUBRE.
9 de   NOVIEMBRE.
25 de   DICIEMBRE.

Hable

1. ¿Qué hora es?

....

2. ¿A qué hora empieza la película?

....

3. ¿A qué hora empieza la clase?

....

4. ¿........................ el partido de fútbol?

....

5. ¿..................... la carrera de caballos?

....

6. ¿........................... la obra de teatro?

....

7. ¿.................. el programa de televisión?

....

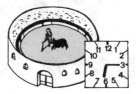

8. ¿........................ la corrida de toros?

....

9. ¿.......................... el concierto?

....

10. ¿...................... la carrera de coches?

....

Situación VII

Práctica oral: *Imagine un diálogo.*

1.

—...
—...

2.

—...
—...

3.

—...
—...

4.

—...
—...

Andrés: —¿Quién llama a la puerta?

Santiago: —Es el cartero. Trae dos cartas para ti. Una está certificada. Es de tu familia. Tienes que firmar.

Andrés: —Es de mi hermano. Contiene mi carnet de conducir.

Santiago: —Tú recibes muchas cartas, ¿verdad?

Andrés: —Sí, ¿y tú no?

Santiago: —Yo recibo pocas. Soy muy perezoso y no escribo.

Andrés: —Yo escribo una carta cada día, y así siempre tengo noticias de mis amigos y de mi familia.

Santiago: —Yo telefoneo. Es más cómodo.

Andrés: —Tienes razón. Pero es más caro. Mi familia vive en el extranjero, y cuesta mucho poner una conferencia.

Esquema gramatical I

	ESCRIBIR	escrib -O	viv -O	-O
PRESENTE EN -IR	vivir	escrib -ES	viv -ES	-ES
	recibir	escrib -E	viv -E	-E
	repartir	escrib -IMOS	viv -IMOS	-IMOS
	compartir	escrib -ÍS	viv -ÍS	-ÍS
	abrir	escrib -EN	viv -EN	-EN

Practique

I.

Yo escribo muchas cartas. *él.*   .—Él escribe muchas cartas.

1. *nosotros.*   .—...
2. *ellos.*   .—...
3. *María.*   .—...
4. *Uds.*   .—...
5. *José.*   .—...
6. *Ud.*   .—...
7. *Carmen.*   .—...
8. *Pedro.*   .—...

II.

¿Vive Ud. en el extranjero?   .—No, no vivo en el extranjero.

1. ¿Vive Isabel en Francia?   .—...
2. ¿Vivís vosotros en Inglaterra?   .—...
3. ¿Viven Uds. en Italia?   .—...
4. ¿Vivimos nosotros en América?   .—...
5. ¿Vives en Alemania?   .—...
6. ¿Vivo yo en España?   .—...
7. ¿Vive Ud. en Rusia?   .—...
8. ¿Vive Juan en Holanda?   .—...

Amplíe

1. **Vivo** en un apartamento.

2. El camarero **sirve** un café.

3. Isabel **escribe** una carta con una **pluma.**

4. **Recibimos** muchas cartas.

5. Luis **abre** la ventana.

6. El profesor **reparte** los exámenes.

7. **Comparto** un piso con Antonio.

8. **Abro** la puerta.

9. María **cubre** la mesa con un mantel.

10. Juan **sufre** mucho.

Esquema gramatical II

MI TU SU	libro pluma	MIS TUS SUS	libros plumas

1. **Mi** hermano vive en el campo.
    Mi hermana vive en la ciudad.

.—**Mis** hermanos viven en el campo.
.—**Mis** hermanas viven en la ciudad.

2. **Tu** abuelo escribe un libro.
    Tu abuela escribe una nota.

.—**Tus** abuelos escriben un libro.
.—**Tus** abuelas escriben una nota.

3. **Su** amigo lee el periódico.
    Su amiga lee una revista.

.—**Sus** amigos leen el periódico.
.—**Sus** amigas leen una revista.

Hable

cuarenta

yo vivo en un apartamento.

cincuenta

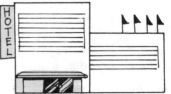

mi hermano ....

sesenta

Isabel ....

setenta

.... amigos ....

ochenta

José ....

noventa

.... padre ....

cien

Ud. ....

doscientos

.... amiga ....

trescientos

Uds. ....

cuatrocientos

.... hijos ....

Practique

I.

Mi libro es fácil.	.—**Mis libros también son fáciles.**
1. Mi maleta es grande.	.—...
2. Tu hermano es simpático.	.—...
3. Su amiga es española.	.—...
4. Tu amigo es muy amable.	.—...
5. Su carta es muy larga.	.—...
6. Mi diccionario es grande.	.—...
7. Su disco es nuevo.	.—...
8. Tu profesor es delgado.	.—...

II.

¿Cómo es el diccionario de Juan? *grande.*	.—**Su diccionario es grande.**
1. ¿Cómo son los sombreros de Margarita? *modernos.*	.—....................
2. ¿Cómo son los libros de Antonio? *viejos.*	.—.................................
3. ¿Cómo son tus amigos? *simpáticos.*	.—.................................
4. ¿Cómo son mis camisas? *nuevas.*	.—.................................
5. ¿Cómo es tu habitación? *agradable.*	.—.................................
6. ¿Cómo es el profesor de Luis? *alto.*	.—.................................
7. ¿Cómo es tu mantel? *ancho.*	.—.................................
8. ¿Cómo es la casa de María? *grande.*	.—.................................

Situación VIII

Práctica oral: *Describa la siguiente situación.*

1.

—..

—..

2.

—..

—..

3.

—..

—..

4.

—..

—..

Calle de un pueblo andaluz.

9 | *¿A qué hora sale el tren?*

Viajero: —¿A qué hora sale el próximo tren para Tarragona?

Empleado: —Sale a las 11,30 del andén III.

Viajero: —¿A qué hora llega?

Empleado: —Llega a las 12,30.

Viajero: —Un billete de ida y vuelta, por favor.

Empleado: —Son cien pesetas.

Viajero: —Perdone. ¿Puedo fumar?

Anciana: —Sí. No importa.

Revisor: —Billetes, por favor. Gracias.

Viajero: —Tengo que volver esta tarde a Barcelona. ¿A qué hora hay trenes?

Revisor: —Este tren regresa a las siete de la tarde. Pero puede coger otros. Hay un tren cada media hora.

Anciana: —Disculpe, joven. ¿Puedo abrir la ventana? Hace mucho calor.

Viajero: —Sí. Yo mismo la abro.

Anciana: —Gracias.

Esquema gramatical I

SALIR
sal**go**
sales
sale
salimos
salís
salen

O ⟶ UE

VOLVER	PODER
vuelvo	**pue**do
vuelves	**pue**des
vuelve	**pue**de
volvemos	podemos
volvéis	podéiś
vuelven	**pue**den

Practique

¿A qué hora sale el tren?
¿A qué hora llega?

.—**El tren sale a las 12,00.**
.—**Llega a las 3,40.**

1. el tren.   10,15 / 8,00.

2. el autobús.   11,10 / 5,30.

3. el avión.   10,20 / 3,10.

4. el cartero.   10,05 / 3,10.

5. el médico.   8,45 / 9,45.

6. la enfermera.   12,35 / 1,15.

7. la secretaria.   4,45 / 2,22.

8. la señora.   5,50 / 6,40.

9. la profesora.   3,25 / 11,03.

10. María.   6,25 / 11,20.

Amplíe

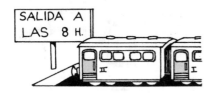

1. El tren **sale a** las **8,00.**

2. El tren **llega a** las **10,00.**

3. Antonio **sale de** la oficina a las **5,00.**

4. **Llega a** casa a las **5,30.**

5. **Salgo a** comer a las **13,30.**

6. **Vuelvo a** la oficina a las **3,45.**

7. A las **8,40 cogemos** el autobús para ir a la escuela.

8. A las **9,00 llegamos a** la escuela.

Hable

¿Qué hace el Sr. Sánchez cada día?

1.

quinientos

2.

seiscientos

3.

setecientos

4.

ochocientos

5.

novecientos

6.

mil

7.

dos mil

8.

tres mil

9.

cuatro mil

10.

cinco mil

Esquema gramatical II

PARA MÍ

PARA TI

PARA ÉL/ELLA

PARA NOSOTROS/NOSOTRAS

PARA VOSOTROS/VOSOTRAS

PARA ELLOS/ELLAS

Practique

I.

Es un libro.   .—**Es para mí.**

1. Esta revista es de José.   .—..
2. Ésta es tu carta.   .—..
3. Estas flores son para María.   .—..
4. Éstos son nuestros cuentos.   .—..
5. Éste es vuestro coche.   .—..
6. Este billete es de Ud.   .—..
7. Este disco es de Antonio.   .—..
8. Esta pluma es para Ángel.   .—..

¿PARA QUIÉN ES?	ES PARA MÍ

II.

Billete.   .—**¿Para quién es este billete?**

1. *bicicleta.*   .—..
2. *coche.*   .—..
3. *flores.*   .—..
4. *carta.*   .—..
5. *diccionario.*   .—..
6. *helado.*   .—..
7. *bocadillo.*   .—..
8. *periódico.*   .—..

Situación IX

Práctica oral: *Imagine un diálogo.*

1.

—..

—..

2.

—..

—..

3.

—..

—..

4.

—..

—..

Entonación

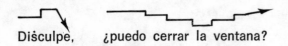

Disculpe,　¿puedo cerrar la ventana?

Ejercicio:

1. Disculpe, ¿puedo abrir la puerta?
2. Disculpe, ¿puedo mirar el periódico?
3. Disculpe, ¿puedo escuchar la radio?
4. Disculpe, ¿puedo fumar en clase?
5. Disculpe, ¿puedo ver la televisión?
6. Disculpe, ¿puedo leer el libro?
7. Disculpe, ¿puedo ver a Juan?
8. Disculpe, ¿puedo hablar con Usted?
9. Disculpe, ¿puedo jugar en la plaza?
10. Disculpe, ¿puedo usar tu bicicleta?

Policía: —¿Viajan Uds. juntas?

Ana: —Sí, señor.

Policía: —¿Puedo ver sus pasaportes?

Ana: —Aquí tiene el mío.

María: —Y éste es el mío.

Policía: —¿Son Uds. turistas?

*Ana
y María:* —No. Somos estudiantes. Venimos a hacer un curso de español.

Policía: —Bien. Todo está en orden. Gracias.

Policía: —¿Son éstas sus maletas?

Ana: —No. Éstas no son nuestras. Las nuestras son aquéllas.

Policía: —¿Tienen algo que declarar?

María: —No. Sólo llevamos ropa y libros.

Policía: —Pueden pasar. Feliz estancia en nuestro país.

Ana: —Mira. Allí están nuestros amigos Fernando y Luis.

*Fernando:
y Luis:* —Bienvenidas a España. ¿Es éste todo vuestro equipaje?

Ana: —Sí. No tenemos nada más.

Fernando: —Entonces vamos al coche.

Esquema gramatical I

NUESTRO NUESTRA VUESTRO VUESTRA SU	libro casa	NUESTROS NUESTRAS VUESTROS VUESTRAS SUS	libros casas

Practique

I.

¿De quién es este libro? *Juan.* **.—Es de Juan.**

1. ¿De quién es esta maleta? *Isabel.* .—...........................
2. ¿De quién son estas plumas? *los niños.* .—...........................
3. ¿De quién es esta casa? *mi hermano.* .—...........................
4. ¿De quién es este coche? *nuestros amigos.* .—...........................
5. ¿De quién son aquellos discos? *nuestras amigas.* .—...........................
6. ¿De quién es esta oficina? *su tío.* .—...........................
7. ¿De quién es aquel periódico? *vuestro padre.* .—...........................
8. ¿De quién es esta camisa? *tu hermano.* .—...........................

II.

¿Son estos libros de ustedes? **.—Sí, son nuestros libros.**

1. ¿Son estas plumas de los niños? .—...................................
2. ¿Es este coche de nuestros padres? .—...................................
3. ¿Son estas maletas de las señoritas? .—...................................
4. ¿Son estos cuadros de vuestros amigos? .—...................................
5. ¿Son éstos nuestros diccionarios? .—...................................
6. ¿Son estos coches de ustedes? .—...................................
7. ¿Son estas camisas de Luis y Antonio? .—...................................
8. ¿Son estas faldas de María? .—...................................

Amplíe

Ésta es mi **cartera**. Es **mía**.

Éste es tu **bolso**. Es **tuyo**.

Ésta es nuestra **cocina**. Es **nuestra**.

Aquél es vuestro apartamento. Es **vuestro**.

Aquéllos son mis cuadros. Son **míos**.

Aquélla es tu camisa. Es **tuya**.

Éstas son sus maletas. Son **suyas**.

Estos son nuestros discos. Son **nuestros**.

Éstas son vuestras **llaves**. Son **vuestras**.

Éstas son tus cartas. Son **tuyas**.

Esquema gramatical II

MÍO TUYO SUYO MÍA, TUYA, SUYA etc...	EL MÍO EL TUYO EL SUYO LA MÍA etc...
MÍOS, TUYOS, SUYOS MÍAS, TUYAS, SUYAS etc...	LOS MÍOS LAS MÍAS etc...

Practique

Tu libro es interesante, pero mi libro es aburrido.
.—**Tu libro es interesante, pero el mío es aburrido.**

1. Mi cartera es nueva, pero tu cartera es vieja.

.—..

2. Nuestros sombreros son buenos, pero vuestros sombreros son malos.

.—..

3. Tus camisas están limpias, pero mis camisas están sucias.

.—..

4. Nuestro coche es alemán, pero su coche es español.

.—..

5. Mi lección es fácil, pero tu lección es difícil.

.—..

6. Mis maletas están abiertas, pero tus maletas están cerradas.

.—..

7. Vuestra casa es alta, pero nuestra casa es baja.

.—..

8. Tu cocina es grande, pero mi cocina es pequeña.

.—..

Hable

primero

Tu casa es alta.
La mía también es alta.

segundo

Nuestros vecinos son simpáticos.
Los ....

tercero

Tus cartas son interesantes.
Las ....

cuarto

Vuestro jardín es bonito.
El ....

quinto

Sus maletas son pesadas.
Las ....

sexto

Vuestras calles están limpias.
Las ....

séptimo

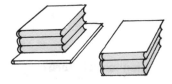

Mis libros son nuevos.
Los ....

octavo

Tu hijo fuma mucho.
El ....

noveno

Su sombrero es muy elegante.
El ....

décimo

Mis manos están sucias.
Las ....

Recuerde

MI	TU	SU	NUESTRO/-A	VUESTRO/-A	SU
MIS	TUS	SUS	NUESTROS/-AS	VUESTROS/-AS	SUS
MÍO/-A	TUYO/-A	SUYO/-A	NUESTRO/-A	VUESTRO/-A	SUYO/-A
MÍOS/-AS	TUYOS/-AS	SUYOS/-AS	NUESTROS/-AS	VUESTROS/-AS	SUYOS/-AS

Practique

I.

¿Es tuyo este libro?   **.—Sí, es mío.**

1. ¿Son vuestras aquellas camisas?   .—..........................
2. ¿Es de Juan aquella bicicleta?   .—..........................
3. ¿Son de los Sres. Pérez aquellos apartamentos?   .—..........................
4. ¿Son tuyas estas cartas?   .—..........................
5. ¿Es de los niños esta guitarra?   .—..........................
6. ¿Es de Ud. aquel coche?   .—..........................
7. ¿Son de las secretarias estas sillas?   .—..........................
8. ¿Son de Juan estos cuentos?   .—..........................

II.

El libro es mío.   **.—¿De quién es el libro?**

1. El tocadiscos es de Luis.   .—...
2. La casa es nuestra.   .—...
3. Los pasaportes son vuestros.   .—...
4. Las maletas son del Sr. Sánchez. .—...
5. El sombrero es suyo.   .—...
6. El restaurante es de Ud.   .—...
7. Los cuadros son tuyos.   .—...
8. Los billetes son míos   .—...

Situación X

Práctica oral: *Imagine un diálogo.*

1.

—..

—..

2.

—..

—..

3.

—..

—..

4.

—..

—..

La iglesia y el castillo, símbolos de la España medieval.

Vendedor: —¿Qué desea?

Cliente: —Quiero comprar una camisa.

Vendedor: —¿La quiere blanca o de color?

Cliente: —La quiero de color.

Vendedor: —Las tenemos de muchos colo-
res: azules, verdes, amarillas,
negras, rojas y a cuadros.

Cliente: —Está bien. Uso la talla 40.

Vendedor: —¿Desea algo más?

Cliente: —Sí, una corbata.

Vendedor: —¿De qué color la quiere?

Cliente: —Verde, por favor.

Vendedor: —Ésta está muy bien.

Cliente: —Sí, de acuerdo. También quiero
comprar un bolso.

Vendedor: —¿Es para Usted?
Cliente: —No. Es para regalar a una
amiga. Mañana es su cumple-
años.
Vendedor: —Este modelo está de moda.
Lo tenemos en marrón y en
negro.
Cliente: —¿Cuánto cuesta?
Vendedor: —3.000 pesetas.
Cliente: —Es un poco caro, pero es muy
bonito. Lo compro.

Esquema gramatical

LO LOS	LA LAS

Practique

I.

| **Escribo una carta.** | **.—La escribo.** |

1. Compro un sombrero. .—..
2. Escuchamos la radio. .—..
3. Leen el periódico. .—..
4. Abro la ventana. .—..
5. Hacemos el ejercicio. .—..
6. Escribo una novela. .—..
7. Compro un bolso. .—..
8. Vemos un avión. .—..

¿CÓMO LAS QUIERE?

II.

¿Cómo quiere Ud. las camisas? *blancas.* **.—Las quiero blancas.**

1. ¿..................... las corbatas? *azules.* .—...............................
2. ¿..................... los sombreros? *negros.* .—...............................
3. ¿..................... las sillas? *bajas.* .—...............................
4. ¿..................... las flores? *amarillas.* .—...............................
5. ¿..................... las faldas? *azules.* .—...............................
6. ¿..................... los libros? *nuevos.* .—...............................
7. ¿..................... las ventanas? *blancas.* .—...............................
8. ¿..................... las maletas? *rojas.* .—...............................

Amplíe

ciento uno

El Sr. Pérez lleva un sombrero.
Es **gris.**

ciento dos

María compra un ramo de rosas.
Son **rojas.**

ciento tres

Antonio lleva un traje nuevo.
Es **azul.**

ciento cuatro

Isabel tiene un vestido elegante
Es **rosa.**

ciento cinco

La Sra. Martínez lleva un abrigo.
Es **marrón.**

ciento seis

Luis prueba unos zapatos.
Son **negros.**

ciento siete

Miguel compra unos pantalones.
Son **azules.**

ciento ocho

María compra una falda.
Es **verde.**

ciento nueve

Marta compra unas medias.
Son **amarillas.**

ciento diez

Miguel compra un par de calcetines.
Son **grises.**

Practique

I.

¿De qué color es su sombrero? *gris.*   **.—Mi sombrero es gris.**

1. ¿De qué color son sus zapatos? *marrones.* .—.................................
2. ¿De qué color es tu traje? *negro.* .—.................................
3. ¿De qué color son vuestros abrigos? *azules.* .—.................................
4. ¿De qué color es el sombrero de Antonio? *marrón.* .—.................................
5. ¿De qué color son los pantalones de José? *grises.* .—.................................
6. ¿De qué color es nuestro coche? *azul.* .—.................................
7. ¿De qué color es vuestra casa? *blanca.* .—.................................
8. ¿De qué color son tus calcetines? *verdes.* .—.................................

II.

Tu camisa.   **.—¿De qué color es tu camisa?**

1. Tus pantalones.   .—...
2. Su traje.   .—...
3. Tus medias.   .—...
4. Vuestra casa.   .—...
5. Tus zapatos.   .—...
6. Su abrigo.   .—...
7. Vuestros vestidos.   .—...
8. Nuestro coche.   .—...

Hable

Mi hermano es alto.

Tiene el pelo negro y los ojos castaños.

Lleva una corbata roja, una camisa blanca, una chaqueta azul y unos pantalones grises.

Sus zapatos son negros.

Pesa 60 kilos.

Es delgado.

Mi hermana es baja.

Tiene el pelo rubio y largo.

Sus ojos son azules.

Lleva una falda amarilla y una blusa verde.

Sus zapatos son rojos y sus medias blancas.

Pesa 59 kilos.

Es gorda.

Describa a un amigo o compañero de clase.

Recuerde

I.

¿QUÉ QUIERES COMPRAR?	QUIERO COMPRAR ....

      ¿Qué quieres comprar? *una corbata.*   .—**Quiero comprar una corbata.**

1. *un bolso.*   .—...

2. *una guitarra.*   .—...

3. *un libro.*   .—...

4. *una camisa.*   .—...

5. *un tocadiscos..*   .—...

6. *un televisor.*   .—...

7. *una bicicleta.*   .—...

8. *un coche.*   .—...

II.

¿DE QUÉ COLOR ES ......?	¿DE QUÉ COLOR SON ......?

    Mi camisa es blanca.   .—**La mía también es blanca.**

1. Mis pantalones son grises.   .—...

2. Tus zapatos son marrones.   .—...

3. Nuestras maletas son verdes. .—...

4. Su sombrero es azul.   .—...

5. Vuestra casa es blanca.   .—...

6. Tu falda es roja.   .—...

7. Tu pelo es rubio.   .—...

8. Sus ojos son castaños.   .—...

Situación XI

Práctica oral: *Imagine un diálogo.*

1.

—..
—..

2.

—..
—..

3.

—..
—..

4.

—..
—..

12 | *¿Qué tiempo hace hoy?*

Klaus: —¿Qué tiempo hace hoy?

Antonio: —Hace sol. Podemos ir a la playa.

Klaus: —Sí, vamos. ¿No llueve nunca en este país?

Antonio: —Llueve bastante en el Norte: Galicia, Asturias; Santander y País Vasco.

Klaus: —En mi país nieva mucho. ¿Y aquí?

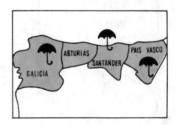

Antonio: —En invierno nieva en el Centro y en las montañas altas.

Klaus: —¿Son muy bajas las temperaturas?

Antonio: —En invierno hace frío en la meseta y en las montañas. Pero el clima siempre es suave en las costas.

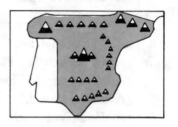

—A veces hace mucho viento, sobre todo en otoño y en invierno. En verano generalmente hace calor. En el Norte el clima es húmedo y llueve con frecuencia.

Klaus: —¿Qué estación prefieres tú?

Antonio: —Prefiero la primavera. Llueve de vez en cuando. Pero a menudo hace sol. La temperatura es muy agradable en todo el país.

Esquema gramatical

IR A		VENIR DE	
voy vas va vamos vais van	a casa	vengo vienes viene venimos venís vienen	de casa

Practique

I.

¿**A dónde va Juan?** *estación.* —**Va a la estación.**

1. ¿A dónde vais vosotros? *playa.* —.....................................
2. ¿A dónde va Luisa? *Madrid.* —.....................................
3. ¿A dónde van los niños? *escuela.* —.....................................
4. ¿A dónde van las enfermeras? *hospital.* —.....................................
5. ¿A dónde va Ud.? *oficina.* —.....................................
6. ¿A dónde vas? *cine.* —.....................................
7. ¿A dónde va José? *teatro.* —.....................................
8. ¿A dónde van Uds.? *casa.* —.....................................

II.

¿**De dónde viene Juan?** *estación.* —**Viene de la estación.**

1. *playa.* —.....................................
2. *Madrid.* —.....................................
3. *escuela.* —.....................................
4. *hospital.* —.....................................
5. *oficina.* —.....................................
6. *cine.* —.....................................
7. *jardín.* —.....................................
8. *peluquería.* —.....................................

Amplíe

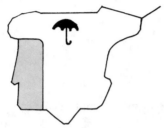

En el **Norte llueve** con frecuencia.

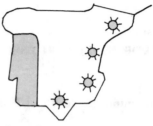

Siempre hace buen tiempo en las costas del **Este** y del **Sur.**

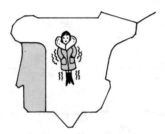

A menudo hace frío en el **Centro** y en el **Oeste.**

A veces llueve en primavera.

En invierno nieva a menudo en **las montañas.**

En verano siempre **hace calor.**

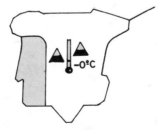

A veces las **temperaturas** son **bajas** en el Centro y en las montañas.

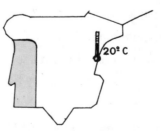

Las temperaturas **nunca** son bajas en la Costa.

Practique

I.

A menudo llueve en el Norte. .—¿Dónde llueve a menudo?

1. El clima siempre es húmedo en el Norte. .—..................................
2. A veces nieva en las montañas. .—..................................
3. A veces hace mucho viento en el Este. .—..................................
4. Siempre hace calor en las costas del Sur. .—..................................
5. No nieva nunca en las costas. .—..................................
6. De vez en cuando llueve en el Este. .—..................................
7. En invierno nieva con frecuencia en las montañas. .—..................................
8. Las temperaturas son bajas en la meseta. .—..................................

II.

¿Cuándo vas al cine? *de vez en cuando.* .—**Voy al cine de vez en cuando.**

1. ¿Cuándo haces los deberes? *todos los días.* .—..................................
2. ¿Cuándo vais al teatro? *a menudo.* .—..................................
3. ¿Cuándo fumas? *nunca.* .—..................................
4. ¿Cuándo lees el periódico? *siempre.* .—..................................
5. ¿Cuándo vas a la playa? *con frecuencia.* .—..................................
6. ¿Cuándo vas al campo? *a veces.* .—..................................
7. ¿Cuándo ves la televisión? *nunca.* .—..................................
8. ¿Cuándo nieva aquí? *de vez en cuando.* .—..................................

Hable

ciento diez

1.

En invierno llueve a menudo.

ciento veinte

2.

....

ciento treinta

3.

....

ciento cuarenta

4.

....

ciento cincuenta

5.

....

ciento sesenta

6.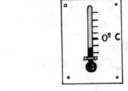

....

ciento setenta

7.

....

ciento ochenta

8.

....

ciento noventa

9.

....

doscientos

10.

....

El día

Por la mañana salimos de casa a las 8,30.

A mediodía vamos a casa.
Comemos a las 2,00.

Por la tarde volvemos a la escuela.
Entramos a las 3,30.

Salimos de la escuela a las 5.
Al atardecer llegamos a casa.

Por la noche hacemos los deberes.
Cenamos a las 9 y vamos a la cama a las 10.

Los domingos no vamos a la escuela.
Por la mañana dormimos hasta las 11.
Y **por la tarde** vamos al cine.

Practique

I.

¿Cuándo vas a la oficina? *por la mañana.* **.—Voy a la oficina por la mañana.**

1. ¿Cuándo va Ud. al restaurante? *a mediodía.* .—..............................
2. ¿.......... toman café? *por la tarde.* .—..............................
3. ¿.......... vuelve Ud. a casa? *al atardecer.* .—..............................
4. ¿.......... lee el periódico? *a mediodía.* .—..............................
5. ¿.......... ve la televisión? *por la noche.* .—..............................
6. ¿.......... ve a sus amigos? *por la tarde.* .—..............................
7. ¿.......... sale de casa? *por la mañana.* .—..............................
8. ¿.......... vuelve a casa? *por la noche.* .—..............................

POR LA MAÑANA	POR LA TARDE
A MEDIODÍA	AL ATARDECER

II.

Salgo de casa por la mañana. **.—¿Sale Ud. de casa por la mañana?**

1. Voy al restaurante a mediodía. .—..............................
2. Uds. toman café por la tarde. .—..............................
3. Regreso a casa al atardecer. .—..............................
4. Leo el periódico por la mañana. .—..............................
5. Voy al cine por la noche. .—..............................
6. Hago la comida a mediodía. .—..............................
7. Voy a la cama a medianoche. .—..............................
8. Tomo café por la tarde. .—..............................

Situación XII

Práctica oral: *Imagine un diálogo.*

1.

—...
—...

2.

—...
—...

3.

—...
—...

Teresa:	—Diga... ¿quién es?
Carlos:	—Soy Carlos. ¿Qué vas a hacer esta tarde?
Teresa:	—No sé. ¿Por qué?

Carlos:	—Mañana es mi cumpleaños y voy a dar una fiesta. ¿Puedes venir?
Teresa:	—Por supuesto. ¿Vas a invitar a mucha gente?

Carlos:	—Voy a invitar a muchos compañeros de clase y a otros amigos.
Teresa:	—¿Cuántos cumples?
Carlos:	—Veinticuatro.
Teresa:	—¡Hombre! ¡Tenemos la misma edad! Yo también voy a cumplir 24 el mes que viene. ¿Vas a la Escuela esta tarde?

Carlos:	—No. Tengo mucho trabajo. Voy a ordenar el apartamento y después voy a salir para comprar bebidas y comida.
Teresa:	—Hasta mañana, entonces.
Carlos:	—Hasta mañana.

Esquema gramatical I

IR A + INFINITIVO			
VOY **VAS** **VA** **VAMOS** **VAIS** **VAN**	**A**	comprar	**un libro**

Practique

I.

¿Qué vas a hacer? *la cama.*   .—**Voy a hacer la cama.**

1. ¿Qué va a comprar Ud.? *un disco.*   .—.....................................
2. ¿Qué van a tomar Uds.? *vino.*   .—.....................................
3. ¿Qué vamos a visitar? *el museo.*   .—.....................................
4. ¿Qué vais a estudiar? *la lección.*   .—.....................................
5. ¿Qué van a comprar Uds.? *un coche.*   .—.....................................
6. ¿Qué vas a ver? *una película.*   .—.....................................
7. ¿Qué vamos a comer? *pollo.*   .—.....................................
8. ¿Qué va Ud. a pintar? *la casa.*   .—.....................................

II.

Luis va a pintar.   .—**¿Va Luis a pintar?**

1. María y Carlos van a nadar.   —.....................................
2. Vamos a celebrar una fiesta.   —.....................................
3. Isabel va a hacer la cena.   —.....................................
4. Vais a la escuela.   —.....................................
5. Yo voy a trabajar.   —.....................................
6. José va a visitar a unos amigos.   —.....................................
7. Uds. van a ordenar el apartamento.   —.....................................
8. María va a visitar a su amiga.   —.....................................

Amplíe

mil

Isabel **va a** visitar a sus amigas.

mil uno

Los niños **van a** ver una película.

mil dos

Miguel **va a** pintar la pared.

mil tres

Vamos a hacer una excursión.

mil cuarenta

Antonio **va a** limpiar el coche.

mil cincuenta

Isabel y Carmen **van a** bailar.

mil noventa

Voy a saludar a José Antonio.

mil noventa y nueve

Luis y Carlos **van a** escalar una montaña.

Practique

II.

| Voy a visitar a un amigo. | .—¿A quién vas a visitar? |

1. Vamos a ver a José. .—...
2. Voy a pintar la habitación. .—...
3. Voy a escribir a Carlos. .—...
4. Vamos a escribir una carta. .—...
5. Vamos a saludar a Antonio. .—...
6. Voy a ver una película. .—...
7. José va a visitar un museo. .—...
8. Isabel va a comprar un libro. .—...

| ¿QUIÉN...............? | ¿A QUIÉN...............? |

III.

| Isabel abre la ventana. | .—¿Quién abre la ventana? |
| María escribe a José. | .—¿A quién escribe María? |

1. Luis visita el museo. .—.....................................
2. Carmen saluda a Manolo. .—.....................................
3. José ve una película. .—.....................................
4. Antonio ve a sus amigos. .—.....................................
5. Luis espera el autobús. .—.....................................
6. Miguel espera a María. .—.....................................
7. Roberto escucha la radio. .—.....................................
8. Los estudiantes escuchan al profesor. .—.....................................

Esquema gramatical II

A él	⟶	LO	A ella	⟶	LA
A ellos	⟶	LOS	A ellas	⟶	LAS

Practique

Voy a esperar a Isabel.   .—**Voy a esperarla.**

1. Voy a visitar a Carmen y a María.   .—...
2. Voy a ver a Carlos.   .—...
3. Antonio va a esperar a Marta.   .—...
4. Voy a escuchar a Miguel.   .—...
5. Vamos a ver a los niños.   .—...
6. Vamos a despedir a José y a Carlos.   .—...
7. José va a recibir a sus amigos.   .—...
8. Van a saludar a su profesor.   .—...

La edad

Mi padre tiene 40 años. Va a cumplir 41
la semana que viene.

Mi abuelo tiene 85 años. Va a cumplir 86
el lunes que viene.

Mi madre tiene 39 años. Va a cumplir 40
pasado mañana.

Mi hermana tiene 21 años. Va a cumplir 22
el domingo que viene.

Mis tíos tienen 33 años. Van a cumplir 34
el sábado que viene.

Mi primo tiene 16 años. Va a cumplir 17
el martes que viene.

Practique

I.

¿Cuántos años tienes?   *24.*   .—Tengo 24. Voy a cumplir 25.

1. ¿Cuántos años tiene José?   *25.*   .—......................................
2. ¿........................... Ud.?   *30.*   .—......................................
3. ¿........................... María?   *21.*   .—......................................
4. ¿........................... tu madre?   *42.*   .—......................................
5. ¿........................... tu prima?   *22.*   .—......................................
6. ¿........................... tu tío?   *34.*   .—......................................
7. ¿........................... tu hermano?   *19.*   .—......................................
8. ¿........................... tu abuelo?   *82.*   .—......................................

II.

tu hermano.   .—¿Cuántos años va a cumplir tu hermano?

1. *tu hermana.*   .—..
2. *tu madre.*   .—..
3. *tu padre.*   .—..
4. *tu abuelo.*   .—..
5. *tu primo.*   .—..
6. *tu tío.*   .—..
7. *tu tía.*   .—..
8. *tu abuela.*   .—..

Situación XIII

Práctica oral: *Imagine un diálogo.*

¿Qué van a hacer el domingo?

1.

— ....
— ....

2.

— ....
— ....

3.

— ....
— ....

4.

— ....
— ....

Varios:	—Felicidades, Carlos.
Carlos:	—Gracias.
Ana:	—Ahora vamos a ver los regalos. Toma. Éste es el mío.
Carlos:	—Muchas gracias. ¿Qué es?
Ana:	—Una sorpresa. Abre el paquete.

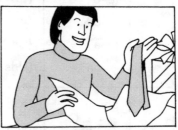

Carlos:	—A ver... ¡Una corbata! Es muy bonita.
Luis:	—Aquí tienes otro. Desata el paquete.

Carlos:	—¡Cuántos nudos! Dentro hay otro paquete.
Luis:	—Ábrelo también.
Carlos:	—Un encendedor. ¿Cómo funciona?
Luis:	—Con pilas. Aprietas este botón y ¡ya está!: encendido. Ahora, ¡apágalo tú!
Varios:	—¡Bravo!

José:	—Otro regalo. Está en una caja, pero está cerrada con llave.
Isabel:	—Yo tengo la llave. Cógela y abre.
Carlos:	—Ya está. ¡Unos gemelos! Ahora vamos a apagar las velas del pastel.
Varios:	—¡Ánimo! Sopla fuerte.

Esquema gramatical I

IMPERATIVOS REGULARES	**ESCUCHAR**	escuch **-a** **-ad** escuch **-e** **-en**	(tú) (vosotros) (Ud.) (Uds.)	la radio	**No** escuch **-es** **-éis** **No** escuch **-e** Ud. **-en** Uds.	la radio
	LEER	le **-e** **-ed** le **-a** **-an**	(tú) (vosotros) (Ud.) (Uds.)	el periódico	**No** le **-as** **-áis** **No** le **-a** Ud. **-an** Uds.	el periódic
	ABRIR	abr **-e** **-id** abr **-a** **-an**	(tú) (vosotros) (Ud.) (Uds.)	la ventana	**No** abr **-as** **-áis** **No** abr **-a** Ud. **-an** Uds.	la ventana

Practique

I.

tú	*un café.*	.—**toma un café.**
1. tú	una cerveza.	.—...................................
2. Ud.	un vaso de vino.	.—...................................
3. Uds.	un té.	.—...................................
4. vosotros	un helado.	.—...................................
5. tú	un bocadillo.	.—...................................
6. vosotros	la leche.	.—...................................
7. Ud.	un jerez.	.—...................................
8. Uds.	un vaso de agua.	.—...................................

Amplíe

mil cien

Pague Ud. la **factura.**

mil doscientos

No pague la factura.

mil trescientos

Abrid los libros.

mil cuatrocientos

No abráis los libros.

mil quinientos

Crucen Uds. la calle.

mil seiscientos

No crucen la calle.

mil setecientos

Coge un **taxi.**

mil ochocientos

No cojas un taxi.

mil novecientos

Escuchad la radio.

dos mil

No escuchéis la radio.

Esquema gramatical II

	PRESENTE	IMPERATIVO		
		tú	*Ud.*	*Uds.*
EMPEZAR	emp**iez** -**o**	**-a**	**-e**	**-en**
CERRAR	c**ierr** -**o**	**-a**	**-e**	**-en**
PENSAR	p**ien**s -**o**	**-a**	**-e**	**-en**
VOLVER	v**uel**v -**o**	**-e**	**-a**	**-an**
CONTAR	c**uen**t -**o**	**-a**	**-e**	**-en**
PEDIR	p**id** -**o**	**-e**	**-a**	**-an**
SEGUIR	s**ig** -**o**	**-e**	**-a**	**-an**
SERVIR	s**irv** -**o**	**-e**	**-a**	**-an**

PERO: **cerrad, volved, pedid,** etc...

Practique

No cierre Ud. la ventana.   .—**Cierre la ventana.**

1. No pienses en mañana.   .—..
2. No vuelvan esta noche.   .—..
3. No pidas más cerveza.   .—..
4. No recuerdes la lección.   .—..
5. No cierres las maletas.   .—..
6. No pidan más regalos.   .—..
7. No duerman por la tarde.   .—..
8. No cuelgues este cuadro.   .—..

Hable

Cierren los libros.
NO cierren los libros.

Cuente Ud. las monedas.
....

Desata el zapato.
....

Vuelve en tren.
....

Piensa en tus hijos.
....

Recuerde Ud. aquel día.
....

Pida una ensalada.
....

Cuelgue Ud. este cuadro.
....

Recuerde

		Tómalo
— NO	— lo	tomes

Practique

I.

Toma un café. .—**No lo tomes.**

1. Abre la puerta. .—..
2. Coge el libro. .—..
3. Paga la factura. .—..
4. Compra las guitarras. .—..
5. Corrige los ejercicios. .—..
6. Mira las fotos. .—..
7. Lee los periódicos. .—..
8. Cruza la calle. .—..

II.

COMPRE UD. UN BOLSO	NO LO COMPRE
LEAN UDS. EL LIBRO	NO LO LEAN

Escuchen al profesor. .—**No lo escuchen.**

1. Lean Uds. la lección. .—..
2. Cruce Ud. la calle. .—..
3. Pinten la habitación. .—..
4. Tome Ud. una cerveza. .—..
5. Abran los libros. .—..
6. Mire el cuadro. .—..
7. Cuente las monedas. .—..
8. Desata el paquete. .—..

Práctica oral: *Use imperativos en cada situación.*

1.

— ....
— ....

2.

— ....
— ....

3.

— ....
— ....

4.

— ....
— ....

5.

— ....
— ....

6

— ....
— ....

Entonación

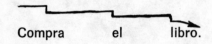

Compra   el   libro.

Ejercicios prácticos:

1. Abre la puerta.
2. Coge el libro.
3. Paga la factura.
4. Compra las guitarras.
5. Corrige los ejercicios.
6. Mira las fotos.
7. Lee los periódicos.
8. Cruza la calle.

Juanito:	—Dame la pelota.
Luisito:	—No quiero. Es mía.
Juanito:	—¡Mamá, mamá!
Madre:	—¿Qué os pasa, niños?
Juanito:	—Luisito no me deja la pelota.

Madre:	—Luisito, no seas malo. ¿Por qué no jugáis los dos con ella?
Luisito:	—Es mía. El tampoco me deja la bicicleta.
Madre:	—No gritéis. Sed buenos. Luisito, dale la pelota a tu hermano un rato.

Luisito:	—Te dejo la pelota si me dejas la bicicleta.
Madre:	—Juanito, déjale la bicicleta a Luisito, y tú déjale la pelota a Juanito. Si sois buenos, os compro caramelos.

Juanito y Luisito:	—No nos gustan los caramelos. Tenemos sed. Cómpranos helados.
Madre:	—Está bien. Por fin estáis de acuerdo.

Esquema gramatical I

GUSTAR	ME TE LE NOS OS LES	**GUSTA**	el cine	**(a mí)** **(a ti)** **(a él, a ella, a Ud.)**
		GUSTAN	las flores	**(a nosotros)** **(a vosotros)** **(a ellos, a ellas, a Uds.)**

Practique

I.

¿Qué te gusta? *el cine.* .—**Me gusta el cine.**

1. ¿Qué le gusta a José? *el teatro.* .—.....................................
2. ¿Qué os gusta a vosotros? *la música.* .—.....................................
3. ¿Qué le gusta a Ud.? *el verano.* .—.....................................
4. ¿Qué le gusta a María? *la playa.* .—.....................................
5. ¿Qué te gusta? *la montaña.* .—.....................................
6. ¿Qué os gusta a vosotros? *el fútbol.* .—.....................................
7. ¿Qué nos gusta a nosotros? *el campo.* .—.....................................
8. ¿Qué les gusta a Uds.? *la ciudad.* .—.....................................

II. *Repita el ejercicio anterior con plurales:*

III.

¿Qué te gusta? *las flores.* .—**Me gustan las flores.**

1. *los caballos.* .—.....................................
2. *los gatos.* .—.....................................
3. *las novelas.* .—.....................................
4. *las guitarras.* .—.....................................
5. *los pasteles.* .—.....................................
6. *los niños.* .—.....................................
7. *los libros.* .—.....................................
8. *los discos.* .—.....................................

Amplíe

cien mil

CómpraME un libro.

trescientos mil

RegálaLE un disco.

quinientos mil

VéndaME un diccionario.

setecientos mil

ExplíqueNOS la lección.

un millón

EscríbeME una carta.

doscientos mil

EnviadNOS una postal.

cuatrocientos mil

RecomiéndaLES un restaurante.

seiscientos mil

DaLE la bicicleta.

ochocientos mil

PréstaME una pluma.

dos millones

TráeNOS un vaso de agua.

Practique

I.

Necesito un libro. *comprar.* .—**Cómprame un libro.**

1. María quiere una pluma. *regalar.* .—.....................................
2. Necesito un diccionario. *vender.* .—.....................................
3. Quiero una novela. *recomendar.* .—.....................................
4. Necesita un lápiz. *prestar.* .—.....................................
5. Antonio quiere una guitarra. *comprar.* .—.....................................
6. Quiero un cigarrillo. *dar.* .—.....................................
7. José quiere una carta. *escribir.* .—.....................................
8. Quiere un café. *pedir.* .—.....................................

PRÉSTANOS   UN   DICCIONARIO

II.

Queremos un diccionario. *prestar.* .—**Préstanos un diccionario.**

1. Los niños quieren una bicicleta. *regalar.* .—.....................................
2. Las secretarias necesitan plumas. *comprar.* .—.....................................
3. Necesitamos un tocadiscos. *vender.* .—.....................................
4. Ellas quieren flores. *regalar.* .—.....................................
5. Queremos leer una novela. *recomendar.* .—.....................................
6. Necesitan una mesa. *prestar.* .—.....................................
7. Quieren recibir cartas. *escribir.* .—.....................................
8. Necesitamos una llave. *dar.* .—.....................................

Observe

Esquema gramatical II

		(tú)	(Usted)	PRESENTE
ALGUNOS IMPERATIVOS IRREGULARES	*PONER*	**pon**	**ponga**	pongo
	VENIR	**ven**	**venga**	vengo
	TENER	**ten**	**tenga**	tengo
	HACER	**haz**	**haga**	hago
	SALIR	**sal**	**salga**	salgo
	PERO: **poned, venid, salid**...			
	SER	**sé**	**sea**	soy
	IR	**ve**	**vaya**	voy
	DECIR	**di**	**diga**	digo
	PERO: **sed, id, venid**...			

Practique

Ven al bar. .—**No vengas al bar.**

1. Pon el vaso sobre la mesa.   .—...
2. Haz los deberes.   .—...
3. Sal de la clase.   .—...
4. Ten paciencia.   .—...
5. Sé amable.   .—...
6. Di quién eres.   .—...
7. Ven a casa.   .—...

Hable

—¿Pongo el libro sobre la mesa?
—*Pon el libro sobre la mesa.*

—¿Vengo a pintar la habitación?
—..

—¿Me das un libro?
—..

—¿Hago la comida?
—..

—¿Salgo a la calle?
—..

—¿Digo la verdad?
—..

—¿Ponemos la radio?
—..

—¿Hacemos los deberes?
—..

—¿Decimos que sí?
—..

—¿Salimos esta tarde?
—..

Situación XV

Práctica oral: *Imagine un diálogo.*

1.

—...
—...

2.

—...
—...

3.

—...
—...

4.

—...
—...

16 | *Me gusta el más caro*

Tomás:	—¿Qué abrigo te gusta más?
Carmen:	—Éste me gusta mucho. Pero, no sé… Es difícil elegir.
Tomás:	—Oiga, ¿cuánto cuesta este abrigo?
Dependiente:	—300.000 pesetas. Es de piel de visón.
Tomás:	—¡Oh! Es muy caro.
Carmen:	—Sí. Pero es precioso.

Dependiente:	—Éste es más barato, pero no es tan bueno. Es de piel de zorro.
Carmen:	—No está mal. Pero prefiero ése. Es más suave y mucho más bonito.
Tomás:	—Me parece una tontería gastar tanto dinero en un abrigo.
Carmen:	—Y tú, ¿por qué quieres comprar un coche nuevo?

Tomás:	—Es diferente. Lo necesito porque el otro está viejo.
Carmen:	—Y mis abrigos también están viejos. Además, también necesito un abrigo de pieles.
Tomás:	—¿Por qué no compramos uno más barato?

Carmen:	—No seas tacaño. ¿Quieres comprarme el peor abrigo de la tienda?
Tomás:	—No siempre el más caro es el mejor.
Carmen:	—Dices eso porque no es para ti.
Tomás:	—Está bien. Estoy cansado de discutir. Oiga, pónganos ése.

Esquema gramatical I

El libro es	MÁS MENOS	barato	QUE	el cuaderno
El libro es	TAN	bonito	COMO	
Es el libro	MÁS	interesante de la biblioteca		

Practique

I.

Este abrigo es caro. —**Aquél es más caro.**

1. Esta casa es pequeña. —..
2. Esta habitación es grande. —..
3. Estas sillas son cómodas. —..
4. Estos árboles son altos. —..
5. Este libro es interesante. —..
6. Estas ventanas son estrechas. —..
7. Esta camisa es bonita. —..
8. Este coche es nuevo. —..

II.

Aquella película es interesante. —**Ésta es menos interesante.**

1. Aquel libro es importante. —..
2. Aquellos ejercicios son difíciles. —..
3. Aquel disco es caro. —..
4. Aquellas chicas son serias. —..
5. Aquellos cuadros son modernos. —..
6. Aquel estudiante es perezoso. —..
7. Aquel bar es agradable. —..
8. Aquella mesa es larga. —..

Amplíe

ESTE edificio es moderno.

ÉSE es más moderno
que éste.

AQUÉL es el más moderno
de la ciudad.

ESTE camarero es amable.

ÉSE es más amable
que éste.

AQUÉL es el más amable
del bar.

ESTA secretaria
es inteligente.

ÉSA es más inteligente
que ésta.

AQUÉLLA es la más
inteligente de la oficina.

ESTA máquina
es complicada.

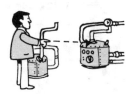

ÉSA es menos complicada
que ésta.

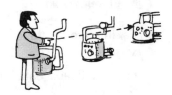

AQUÉLLA es la menos
complicada de la fábrica.

ESTE libro
es interesante.

ÉSE es menos interesante
que éste.

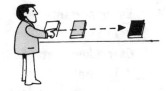

AQUÉL es el menos
interesante de la biblioteca.

Practique

I.

¿Es Juan alto?
¿Y Luis?

—Sí, Juan es alto.
—Luis es más alto que Juan.

1. ¿Es María inteligente?
   ¿Y Carmen?

   —...
   —...

2. ¿Es interesante este libro?
   ¿Y aquél?

   —...
   —...

3. ¿Es amable este camarero?
   ¿Y ése?

   —...
   —...

4. ¿Es simpático Miguel?
   ¿Y Luis?

   —...
   —...

5. ¿Es moderno este cuadro?
   ¿Y ése?

   —...
   —...

EL LIBRO ES *MENOS* INTERESANTE *QUE* LA PELÍCULA

II.

¿Es caro el libro?
¿Y el televisor?

—Sí, el libro es caro.
—El televisor es menos caro que el libro.

1. ¿Es inteligente José?
   ¿Y Juan?

   —...
   —...

2. ¿Es complicada esta máquina?
   ¿Y ésa?

   —...
   —...

3. ¿Es moderno este edificio?
   ¿Y aquél?

   —...
   —...

4. ¿Es importante ese escritor?
   ¿Y ése?

   —...
   —...

5. ¿Es ruidosa esta calle?
   ¿Y la otra?

   —...
   —...

6. ¿Es perezosa María?
   ¿Y Luisa?

   —...
   —...

Esquema gramatical II

Este televisor es **BUENO.**

Ése es **MEJOR.**

Aquél es **EL MEJOR.**

Este coche es **MALO.**

Ése es **PEOR.**

Aquél es **EL PEOR.**

Antonio es **MENOR** que José.

José es **MAYOR** que Antonio y **MENOR** que Luis.

Luis es **EL MAYOR** de los tres.

Practique

¿Está Ud. mejor? .—**No, estoy peor.**

1. ¿Tienes el peor libro? .—No, ...
2. ¿Eres el menor de la familia? .—No, ...
3. ¿Es María la mayor de las hermanas? .—No, ...
4. ¿Es Antonio el peor estudiante? .—No, ...
5. ¿Son éstos los peores cuadros? .—No, ...
6. ¿Son aquéllas las mejores tiendas? .—No, ...
7. ¿Son ellas las menores del grupo? .—No, ...
8. ¿Son Uds. los mayores de la familia? .—No, ...

Hable

Mi pelo es corto.
*Mi pelo es **tan** corto **como** el tuyo.*

Tu pelo también es corto.
....

Este bolso es caro.
....

Aquél también es caro.
....

Este árbol es alto.
....

Aquél también es alto.
....

Estas señoritas son jóvenes.
....

Aquéllas también son jóvenes.
....

Luis es inteligente.
....

Miguel también es inteligente.
....

Situación XVI

Práctica oral: *Imagine un diálogo.*

1

—...

—...

2.

—...

—...

3.

—...

—...

4.

—...

—...

[θ]   INTERDENTAL FRICATIVA SORDA.

Corresponde a la «z» y a la «c» cuando está seguida de i/e.

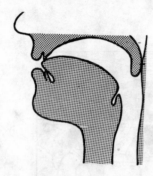

Articulación de la [θ].

zapato.

difícil.

zorro.

necesitar.

habitación.

edificio.

Ejercicios prácticos:

1. El cielo de diciembre es azul.

2. Los cigarrillos cuestan cien pesetas.

3. Los zapatos son caros.

4. El cine comienza a las diez.

5. La lección es difícil.

6. Necesito comprar carne.

7. Pepe conduce mal el coche.

8. Canta una canción interesante.

17 | *¿Habéis encontrado piso?*

Alberto:	—¡Hola! ¿A dónde vais?
Carlos y Luis:	—Vamos a la pensión. Estamos muy cansados.
Alberto:	—¿Todavía no habéis encontrado piso?
Carlos:	—No. Esta mañana hemos visto tres, pero no nos gustan.

Alberto:	—Yo también he decidido cambiar de casa. Ahora vivo en una pensión; pero mi habitación es oscura y pequeña. Además, la casa está en una calle muy ruidosa y no puedo estudiar.
Carlos:	—¿Quieres venir con nosotros?

Alberto:	—Estupendo. Esta mañana he visto un apartamento y puede interesarnos. Podemos verlo esta tarde para alquilarlo.
Carlos:	—De acuerdo. Nosotros hemos mirado los anuncios del periódico y hemos señalado varios. Pero todavía no los hemos visto.

Alberto:	—¿A qué hora nos encontramos, entonces?
Carlos:	—Podemos encontrarnos en el «Café Colón» después de comer. ¿Te parece bien a las tres?
Alberto:	—De acuerdo. ¡Hasta luego!
Carlos y Luis:	—¡Hasta luego!

Esquema gramatical I

PERFECTO	(yo) **HE** (tú) **HAS** (él) **HA** (nosotros) **HEMOS** (vosotros) **HABÉIS** (ellos) **HAN**	**comprado** **bebido** **servido**	una cerveza
	compr -**ar** beb -**er** serv -**ir** $\longrightarrow$	compr -**ADO** beb -**IDO** serv -**IDO**	

Practique

I.

Yo he comprado un libro. ¿Y tú?   —**Yo también he comprado un libro.**

1. ¿Y María?   —...
2. ¿Y José?   —...
3. ¿Y vosotros?   —...
4. ¿Y ellas?   —...
5. ¿Y Ud.?   —...
6. ¿Y Uds.?   —...
7. ¿Y tú?   —...
8. ¿Y ellos?   —...

II.

He leído una revista. ¿Y Ud.?   —...
etc...   —...

III.

He recibido una carta. ¿Y tú?   —...
etc...   —...

Amplíe

Todavía no **ha llegado** el tren.

María **ha comprado** un bolso.

Nunca **hemos estado** en China.

Juan **ha ido** al museo.

Aún no **han reparado** el televisor.

Ha llovido toda la tarde.

Ya **he recogido** los papeles.

Este invierno **ha nevado** mucho.

Ya **ha salido** el tren.

Hemos alquilado un coche.

Practique

I.

¿Ha llegado el tren?   **.—No, todavía no ha llegado.**

1. ¿Has comprado el periódico?   —...
2. ¿Habéis leído la novela?   —...
3. ¿Ha recibido José tu carta?   —...
4. ¿Ha venido el cartero?   —...
5. ¿Ha alquilado Ud. un coche?   —...
6. ¿Has encontrado piso?   —...
7. ¿Ha visitado Ud. el museo?   —...

II.

Estudie la lección.   **.—Ya la he estudiado.**

1. Compre los libros.   .—...
2. Venda su coche.   .—...
3. Limpie los cristales.   .—...
4. Coge un taxi.   .—...
5. Vete a la estación.   .—...
6. Aprende los verbos.   .—...
7. Sirva la comida.   .—...
8. Escuchen este disco.   .—...

Esquema gramatical II

I.

ver	→ VISTO	hacer	→ HECHO
poner	→ PUESTO	abrir	→ ABIERTO
romper	→ ROTO	escribir	→ ESCRITO
	decir → DICHO		

Haz los ejercicios.   **—¿Has hecho los ejercicios?**

1. Ve esta película.   —..
2. Escribe la carta.   —..
3. Pon un disco.   —..
4. Abre la puerta.   —..
5. Di la verdad.   —..
6. Haz el ejercicio.   —..
7. Ve el programa de esta noche.   —..
8. Rompe esa botella.   —..

II.

LA LO	he visto	LAS LOS	he visto

¿Vais a ver esa película?   **—Ya la hemos visto.**

1. ¿Vais a escribir las cartas?   —..
2. ¿Vas a deshacer las maletas?   —..
3. ¿Va a hacer los deberes?   —..
4. ¿Va Ud. a decir la verdad?   —..
5. ¿Van a abrir las puertas?   —..
6. ¿Va a poner la radio?   —..
7. ¿Vamos a ver el piso?   —..
8. ¿Vas a escribir un libro?   —..

Hable

—¿Has visto mi paraguas?
—*Sí*, **lo** *he visto.*

—¿Habéis hecho los deberes?
—...

—¿Habéis abierto las ventanas?
—...

—¿Has puesto la radio?
—...

—¿Ha escrito Ud. esta carta?
—...

—¿Me has dicho la verdad?
—...

—¿Habéis roto el cristal?
—...

—¿Has deshecho la cama?
—...

Recuerde

GUSTAR	PREFERIR

I.

¿Te gusta este libro? .—**Éste no me gusta. Prefiero ése.**

1. ¿Le gusta a Luis esta corbata?   .—...
2. ¿Os gustan estas revistas?   .—...
3. ¿Le gusta a Ud. este coche?   .—...
4. ¿Le gusta a María este bolso?   .—...
5. ¿Te gustan estas flores?   .—...
6. ¿Os gusta este cuadro?   .—...
7. ¿Te gusta este disco?   .—...
8. ¿Le gusta a Ud. el apartamento?   .—...

ME PARECE INTERESANTE	ME PARECEN INTERESANTES

II.

¿Te gusta esta casa? *agradable.*   .—**Me parece agradable.**

1. ¿Os gusta esta película? *interesante.*   .—...................................
2. ¿Le gusta a Ud. este libro? *estupendo.*   .—...................................
3. ¿Le gustan a María estas revistas? *malas.*   .—...................................
4. ¿Te gusta este cuadro? *moderno.*   .—...................................
5. ¿Les gustan a Uds. estos pisos? *cómodos.*   .—...................................
6. ¿Te gusta esta calle? *ruidosa.*   .—...................................
7. ¿Te gusta esta habitación? *pequeña.*   .—...................................
8. ¿Os gusta el vino? *bueno.*   .—...................................

Situación XVII

Práctica oral: *Imagine un diálogo.*

1.

—...
—...

2.

—...
—...

3.

—...
—...

4.

—...
—...

Propietario:	—¿Vienen Uds. a ver el piso?
Alberto y Carlos:	—Sí. Hemos telefoneado antes.

Propietario:	—Pasen. Aquí está la cocina. No es muy grande, pero tiene todo lo necesario. ¿Vivirán aquí los tres?
Luis:	—Sí, ésa es nuestra intención. ¿No hay nevera?
Propietario:	—Sí. He comprado una.

La traerán mañana. Vamos al cuarto de estar. También es comedor. Hay un sofá, dos sillones, una estantería, una mesa y seis sillas. La semana que viene pintarán las paredes e instalarán un televisor.

Éste es uno de los dormitorios. Hay un armario, un sillón y una mesa de estudio. La cama es muy cómoda. Aquel balcón da a la calle. Las alfombras están en la tintorería. Las traerán pasado mañana.

Alberto:	—¿Hay mucho ruido?
Propietario:	—No. Esta calle es muy tranquila.
Carlos:	—¿Podemos ver el cuarto de baño?
Propietario:	—Sí. Está al final del pasillo. Hay agua caliente y fría, una bañera grande y ducha. El espejo está roto, pero compraré otro nuevo.

Esquema gramatical I

	infinitivo		Termina-ciones		FUTURO IMPERFECTO
FUTURO	estudiar volver escribir estar ser ir	+	-É -ÁS -Á -EMOS -ÉIS -ÁN	→	ESTUDIARÉ ESTUDIARÁS ESTUDIARÁ ESTUDIAREMOS ESTUDIARÉIS ESTUDIARÁN

Practique

I.

Juan volverá a las diez.
¿Y Antonio? *a las nueve.*　　　　.—**Antonio volverá a las nueve.**

1. ¿Y tú? *a las doce.*　　　　.—.......................................
2. ¿Y Luisa? *por la tarde.*　　　　.—.......................................
3. ¿Y vosotros? *esta noche.*　　　　.—.......................................
4. ¿Y los niños? *a las siete.*　　　　.—.......................................
5. ¿Y José? *el jueves.*　　　　.—.......................................
6. ¿Y Ud.? *el sábado.*　　　　.—.......................................
7. ¿Y Uds.? *mañana.*　　　　.—.......................................
8. ¿Y vosotras? *al mediodía.*　　　　.—.......................................

II.

Yo escribiré una carta.
¿Y María? *leer el periódico.*　　　　.—**María leerá el periódico.**

1. ¿Y vosotros? *escuchar la radio.*　　　　.—.......................................
2. ¿Y Ud.? *pintar la ventana.*　　　　.—.......................................
3. ¿Y Luis? *visitar el museo.*　　　　.—.......................................
4. ¿Y las secretarias? *escribir cartas.*　　　　.—.......................................
5. ¿Y tú? *tomar una cerveza.*　　　　.—.......................................
6. ¿Y ellos? *comprar libros.*　　　　.—.......................................
7. ¿Y ellas? *ver una película.*　　　　.—.......................................
8. ¿Y tú? *colgar el cuadro.*　　　　.—.......................................

Amplíe

Esta tarde nos **quedaremos** en casa.

Mañana **recogeré** mi equipaje.

Dormiremos en un hotel.

El sábado **nadaremos** en una piscina.

Pasado mañana **repararé** la bicicleta.

El mes que viene **viajaréis** en avión.

El próximo martes **pagaremos** el alquiler.

El año que viene **venderemos** esta casa.

Practique

I.

Quiero ir a Sevilla.   .—Iré a Sevilla.

1. Queremos visitar a Pedro.   .—..
2. Queremos quedarnos en casa.   .—..
3. Quiero llevaros al cine.   .—..
4. Isabel quiere dormir en el campo.   .—..
5. Uds. quieren pagar la cuenta.   .—..
6. Marta quiere llevar un sombrero verde.   .—..
7. Quiero reparar el televisor.   .—..
8. Ellos quieren ver la cocina.   .—..

II.

VOY A ACOMPAÑARTE	TE ACOMPAÑARÉ
¿Vas a acompañarme esta noche?	.—¿Me acompañarás esta noche?

1. ¿Vais a ir al cine mañana?   .—..
2. ¿Va a visitarte Juan esta tarde?   .—..
3. ¿Vas a invitar a tus amigos?   .—..
4. ¿Vamos a nadar en el río?   .—..
5. ¿Van Uds. a vender esta casa?   .—..
6. ¿Va a regalarte flores Juan?   .—..
7. ¿Van a jugar los niños en el jardín?   .—..
8. ¿Vas a llamarme a las once?   .—..

Esquema gramatical II

FUTUROS IRREGULARES	tener poner venir salir haber poder saber querer decir hacer	tendr- pondr- vendr- saldr- habr- podr- sabr- querr- dir- har-	É ÁS Á EMOS ÉIS ÁN

Practique

Voy a tener una visita.   **—Tendré una visita.**

1. Voy a salir a la calle.   —...
2. Vamos a hacer las maletas.   —...
3. Van a querer acompañarnos.   —...
4. Va a haber una fiesta.   —...
5. Vais a venir en enero.   —...
6. No voy a decirte una mentira.   —...
7. No va a poder acompañarte.   —...
8. No voy a saber hacerlo.   —...

Hable

¿(venir) a verme mañana?
¿Vendrás a verme mañana?

¿(ponerse) el sombrero verde?
Te ....

¿(tener) tiempo para coger el tren?
....

¿A qué hora (salir) de la oficina?
....

¿(haber) mucha gente en la fiesta?
....

¿(poder) cruzar el río?
....

¿(saber) usar esta máquina?
....

¿(hacer) las maletas esta noche?
....

¿(querer) votar por nosotros?
....

¿(decir) Ud. la verdad?
....

Situación XVIII

Plan de vacaciones:

Entonación

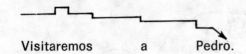

Visitaremos   a   Pedro.

Ejercicios prácticos:

1. Iremos a la escuela.
2. Alquilaremos un piso.
3. Vivirán aquí los tres.
4. Compraré un espejo nuevo.
5. Volveremos a las nueve.
6. Veremos una película.
7. Escribiremos una carta.
8. Estudiaremos la lección.

19 | *Estoy arreglando el piso*

Luis: —¡Bienvenido! Eres el último. Juan y yo hemos llegado hace un rato. ¿Has traído tú solo todo este equipaje?

Alberto: —Sí. He venido en taxi. ¿Me ayudas a llevarlo a mi habitación? ¿Qué ruido es ése?

Luis: —Hay un fontanero en la cocina. El grifo no funciona bien y lo está arreglando.

Alberto: —Y ese señor, ¿quién es?

Luis: —Es el electricista. Está poniendo unos enchufes.

Alberto: —Y Carlos, ¿dónde está?

Luis: —Está en su habitación.

Carlos: —¡Ah! ¿Estás aquí? Yo todavía estoy deshaciendo las maletas.

Alberto: —Yo las desharé esta tarde. Ahora estoy muy cansado. ¿Hay llaves para todos?

Luis: —El dueño sólo nos ha dado una del portal y otra del piso. Pero yo he hecho dos más. ¿Quieres las tuyas?

Alberto: —Sí, dámelas, por favor.

Luis: —Tómalas. Coge éstas también y dáselas a Carlos.

Alberto: —¿Cuánto te han costado?

Carlos: —Yo tengo la factura. Pero no te preocupes. Se la pasaremos al dueño.

Esquema gramatical I

I.

Estoy estás está estamos estáis están	PINTANDO ESCRIBIENDO BEBIENDO	la casa una carta agua

II.

infinitivo	presente	gerundio
pintar	pint -**O**	pint -**ANDO**
beber	beb -**O**	beb -**IENDO**
escribir	escrib -**O**	escrib -**IENDO**

III.

Los verbos en -IR que cambian la raíz en el presente, cambian también en el gerundio: o → u; e → i.

poder	**pue**do	**pud** -IENDO
dormir	**due**rmo	**durm** -IENDO
sentir	**sie**nto	**sint** -IENDO
seguir	**si**go	**sigu** -IENDO
pedir	**pi**do	**pid** -IENDO
decir	**di**go	**dic** -IENDO

PERO: venir: **VINIENDO**

Si la raíz es una vocal:	caer oír construir	ca- o- constru- } -**YENDO**

Amplíe

María **está limpiando** los cristales.

Estamos quitando el polvo de los muebles

Están construyendo un hotel.

Los niños **están durmiendo.**

Juan **está barriendo** el piso.

Luisa **está fregando** la cocina.

Luis y Pepe **están yendo** a la escuela.

El anciano **está pidiendo** limosna.

Miguel **está afeitándose.**

El ladrón **está huyendo** del policía.

Practique

I.

¿Qué haces? *escribir una carta.*		**.—Estoy escribiendo una carta.**

1. ¿Qué hace José? *leer el periódico.* .—.................................
2. ¿Qué hacéis aquí? *esperar el autobús.* .—.................................
3. ¿Qué hace Ud.? *escuchar la radio.* .—.................................
4. ¿Qué hace Luis? *hablar con María.* .—.................................
5. ¿Qué hacen Uds.? *pintar las puertas.* .—.................................
6. ¿Qué hace la Sra. Pérez? *preparar la cena.* .—.................................
7. ¿Qué hacen los niños? *dormir.* .—.................................
8. ¿Qué haces? *reparar el coche.* .—.................................

María	compra	flores
↓		↓
¿QUIÉN?		**¿QUÉ?**

II.

Juan está pintando la puerta.	**.—¿Quién está pintando la puerta?**

1. Miguel está escribiendo una carta. .—.................................
2. Isabel está haciendo ruido. .—.................................
3. Ud. está arreglando la radio. .—.................................
4. Yo estoy haciendo la maleta. .—.................................
5. Carmen está barriendo la casa. .—.................................
6. Pedro está colgando un cuadro. .—.................................
7. Su madre está haciendo el café. .—.................................
8. Mi amigo está fumando un cigarrillo. .—.................................

Hable

Carlos y Marta ....

Los niños ....

Isabel ....

Doña Pilar ....

Carlos y Luis ....

Carmen ....

Los niños ....

Marta ....

El profesor ....

José ....

Esquema gramatical II

Practique

1. Dame un libro.	.—Dámelo.
2. Date un baño.	.—Dátelo.
3. Cómprale un helado a Miguel.	.—Cómpraselo.
4. Regálale una bicicleta a María.	.—Regálasela.
5. Cómprales caramelos a los niños.	.—Cómpraselos.
6. Envíales unas flores a las secretarias.	.—Envíaselas.
7. Cómpranos un coche.	.—Cómpranoslo.

Practique

I.

¿A quién le escribirás una carta? *a María.* **.—Se la escribiré a María.**

1. ¿A quién le regalaré un libro. *a Juan.* .—...
2. ¿A quién le darás los caramelos? *a los niños.* .—...................................
3. ¿A quién le regalará Ud. las flores? *a las enfermeras.* .—........................
4. ¿A quién le venderás el coche? *a Miguel.* .—......................................
5. ¿A quién le entregarás las cartas? *a ti.* .—...
6. ¿A quién le pintarás el piso? *a mi amigo.* .—......................................
7. ¿A quién le pediréis el dinero? *a vosotras.* .—....................................
8. ¿A quién daréis las llaves? *a Ud.* .—..

Dá - SE - lo   a   Juan

El **«se»** puede especificarse nombrando la persona a la que se refiere.

II.

Dale un libro a Juan. **.—Dáselo.**

1. Cómprales unos caramelos a los niños. .—...
2. Déme una botella. .—..
3. Pídele la bicicleta. .—...
4. Déjame un diccionario. .—...
5. Regálale un libro a María. .—...
6. Préstanos estos libros. .—...
7. Dale esta pluma a Pedro. .—..
8. Envíele Ud. esta carta a José. .—...

Situación XIX

Práctica oral: *Describa la siguiente situación.*

1.
—..
—..

2.
—..
—..

3.
—..
—..

4.
—..
—..

5.
—..
—..

6.
—..
—..

7.
—..
—..

8.
—..
—..

| *¿Ya hablas español?*

Amiga: —¡Hola, David! ¿Qué has hecho este verano? No te he visto por aquí.

David: —¡Hola, Ana! ¡Qué sorpresa! He estudiado español. Ahora ya sé un poco.

Amiga: —¿Has estado en España?

David: —Sí. Durante el mes de Julio. He estado cerca de la Costa Brava, en Barcelona.

Amiga: —¿Y seguirás estudiando español?

David: —Sí. Me gusta mucho. Este curso iré una hora diaria a una academia particular. Quiero aprenderlo bien. Y el verano que viene volveré de nuevo a España.

Amiga: —¿Es difícil aprender español, verdad?

David: —No. No es más difícil que otras lenguas. Pero es necesario estudiar...

Amiga: —Yo también quiero aprender español. ¿Conoces una escuela buena? El verano próximo te acompañaré a España.

Hable: ¿Es o está?

La botella .... sucia.

La habitación .... limpia.

El coche .... grande.

El niño .... al lado de la mesa.

El padre .... en casa.

El banco .... cerrado.

La fruta .... madura.

Los edificios .... altos.

El estudiante .... cansado.

La calle .... ancha.

Practique

conocer:	**conozco, conoces, conoce, ...**
obedecer:	**obedezco, ...**
conducir:	**conduzco, ...**
agradecer:	**agradezco, ...**

I.

Conocerás a mi hermana.	**.—Ya la conozco.**
1. Obedecerás esta orden.	.—....................................
2. Conducirás este coche.	.—....................................
3. Agradecerás este favor.	.—....................................
4. Conoceremos el pueblo.	.—....................................
5. Agradeceréis la invitación.	.—....................................
6. Conducirá el automóvil.	.—....................................
7. Conoceremos pronto a ese hombre.	.—....................................
8. Obedeceréis al profesor.	.—....................................

II.

Responda:

1. ¿Viven Uds. en Italia?	.—..
2. ¿Comen ellos en casa?	.—..
3. ¿Escribe María con frecuencia?	.—..
4. ¿Abren la puerta los niños?	.—..
5. ¿Lee tu abuelo el periódico?	.—..
6. ¿Recibes muchas cartas?	.—..
7. ¿Visitáis el zoo por la mañana?	.—..
8. ¿Escuchas la radio por la noche?	.—..

Practique

III.

¿Es de María aquel libro?   **.—Sí, es suyo.**

1. ¿Es del Sr. Sánchez la bicicleta?   .—..................................
2. ¿Es vuestro el tocadiscos?   .—..................................
3. ¿Es de las niñas esta pelota?   .—..................................
4. ¿Son de Uds. aquellos pasaportes?   .—..................................
5. ¿Son de los señores estos sombreros?   .—..................................
6. ¿Es de Isabel esta carta?   .—..................................
7. ¿Es mía esta maleta?   .—..................................
8. ¿Es de Juan el coche rojo?   .—..................................

¿PARA QUIÉN ES ......?	
ES PARA	**TI** (tú) **MÍ** (yo) **ÉL** (él) etc.

IV.

¿Para quién es la carta? *José.*   **.—Es para José.**

1. *el niño.*   .—..................................
2. *tú.*   .—..................................
3. *nosotros.*   .—..................................
4. *ellos.*   .—..................................
5. *vosotros.*   .—..................................
6. *él.*   .—..................................
7. *Isabel.*   .—..................................
8. *Ud.*   .—..................................

Recuerde: Fechas y tiempo

I.

¿A qué estamos hoy?	ESTAMOS A ....
¿Qué es hoy?	HOY ES ....

ENERO						
L	M	M	J	V	S	D
	1	2	3	4	5	6
7	8	9	10	11	12	13
14	15	16	17	18	19	20
21	22	23	24	25	26	27
28	29	30	31			

¿QUÉ TIEMPO HACE EN PRIMAVERA?	EN PRIMAVERA HACE ....

Practique

Coge el libro	**CÓGELO**
Coge los libros	**CÓGELOS**

I.

Cruzad la calle. .—**Cruzadla.**

1. Coge un taxi. .—...
2. Mira la televisión. .—...
3. Compra las corbatas. .—...
4. Limpia el coche. .—...
5. Leed los periódicos. .—...
6. Repite el ejercicio. .—...
7. Pinta la casa. .—...
8. Cuelga el cuadro. .—...

VEN	**NO VENGAS**
HAZ LOS DEBERES	**NO HAGAS LOS DEBERES**

II.

Sal a la calle. .—**No salgas.**

1. Venid al cine. .—...
2. Di la verdad. .—...
3. Tened paciencia. .—...
4. Haced los ejercicios. .—...
5. Pon la televisión. .—...
6. Venid a verme. .—...
7. Salid de casa. .—...
8. Poned la radio. .—...

Hable

ME GUSTA JUGAR	**NOS** ....
TE	**OS** ....
LE	**LES** ....

A María **le gusta** *andar en bicicleta.*

A los jóvenes ....

A ellos ....

A mi madre ....

A nosotros ....

A vosotros ....

A Isabel ....

A mí ....

Practique

Voy al campo.	.—Iré al campo.

1. Aprendemos a nadar.   .—..
2. Vuelven pronto.   .—..
3. Es difícil.   .—..
4. Pepe hace sus deberes.   .—..
5. Paga siempre al contado.   .—..
6. Paseáis por el parque.   .—..
7. Los niños llaman a su madre. .—..
8. Escribe una postal.   .—..

HE IDO A ESPAÑA HE ESTUDIADO ESPAÑOL	PRESENTE	IRÉ A ESPAÑA ESTUDIARÉ ESPAÑOL
20 JUNIO 1974 HE PASADO LAS VACACIONES EN GRECIA.	HOY 30 SEPTIEMBRE 1974	20 JUNIO 1975 PASARÉ LAS VACACIONES EN GRECIA.
Esta mañana **he paseado** por las Ramblas.	30 JULIO 1974	Esta tarde **iré** al teatro. TEATRO

Lista de palabras

A

a
abierto
abrigo
abril
abrir
abuelo
aburrido
academia
además
aduana
afeitarse
agosto
agradable
agradecer
agua
ahora
al
alemán
Alemania
alfombra
algo
allí
alquilar
alquiler
alto
alumno
amable
amar
amarillo
ambulancia
América
americano
amigo
Ana
anciano
ancho
andén
Andrés
Ángel
ánimo
antes
antiguo
Antonio
anuncio
año

apagar
apartamento
Apolo
aprender
apretar
aquél
aquel
aquí
árbol
armario
arquitecto
arreglar
así
Asturias
atardecer
aún
autobús
avión
ayudar
azul

B

bailar
bajo
balcón
banco
bañera
bar
barato
Bárbara
Barcelona
barrer
bastante
beber
bebida
biblioteca
bicicleta
bien
bienvenidos
billete
blanco
blusa
bocadillo
bolso
bonito
botella

botón
bueno
buscar

C

caballo
cada
caer
café
cafetería
caja
calcetines
caliente
California
calor
calle
cama
camarero
cambiar
camisa
campo
canción
cansado
cantar
caramelo
Carlo
Carlos
Carmen
carne
carnet
caro
carrera
carta
cartelera
cartera
cartero
casa
castaño
cenar
centro
cerrado
cerrar
certificado
cerveza
cigarrillo

cine
ciudad
claro
clase
cliente
clima
cocina
coche
coger
color
comedor
comer
comida
cómo
como
cómodo
compañero
compartir
complicado
comprar
comprender
con
concierto
conducir
conferencia
conocer
construir
contar
contener
corbata
correr
corrida
coser
Costa Brava
costa
costar
cristal
cruzar
cuadro
cuándo
cuánto
cuarto de baño
cuarto de estar
cubrir
cuento
cumpleaños

cumplir
curso

CH

chaqueta
chico
China
chuleta

D

dar
David
de
debajo
deberes
decidir
decir
declarar
dejar
del
delante
delgado
dentro
deporte
deportista
derecha
desatar
desear
deshacer
desordenado
despistado
después
detrás
día
diario
diccionario
diciembre
diferente
difícil
dinero
disco
disculpar
discutir
doctor
domingo
dónde
donde
doña
dormir

dormitorio
ducha
dueño

E

edad
edificio
él
el
electricista
elegante
elegir
empezar
empleado
empleo
en
encantado
encendedor
encender
encontrar
enchufe
enero
enfermera
enfermo
ensalada
entonces
entremés
enviar
equipaje
escalar
escribir
escuchar
escuela
España
español
espectáculo
espejo
estación
estancia
estantería
éste
este
estrecho
estudiante
estudiar
estudio
estupendo
examen
excursión
explicar
extranjero

F

fábrica
fácil
factura
falda
familia
favor
febrero
felicidades
feliz
Fernando
fiesta
final
firmar
flores
Florida
fontanero
fórmula
fotos
francés
Francia
fregar
frío
fruta
fumar
funcionar
fútbol

G

Galicia
gastar
gato
gemelos
generalmente
gente
ginebra
gitano
gordo
gracias
grande
grifo
gris
gritar
guitarra
gusto

H

haber
habitación

hablar
hacer
hambre
helado
hermano
hijo
Holanda
holandés
hombre
hora
horario
hospital
hotel
hoy
huevo
huir
húmedo

I

ida
idea
idioma
iglesia
importación
importar
información
ingeniero
Inglaterra
inglés
instalar
inteligente
intención
interesante
interesar
invierno
invitar
ir
Isabel
Italia
italiano
izquierda

J

jardín
Jerez
José
joven
Juan
jueves
jugar

julio	mano	no	pastel
junio	mantel	noche	patata
juntos	Manuel	norte	patio
	mañana	nosotros	pedir
K	máquina	nota	Pedro
	Margarita	noticia	película
kilos	María	novela	pelo
kiosco	marrón	noviembre	pelota
Klaus	Marta	nuestro	peluquería
	martes	nuevo	peluquero
L	marzo	nudo	pensar
	más	nunca	pensión
la	mayo		peor
lado	mayor	**O**	pequeño
ladrón	me		perder
largo	media	o	perdonar
las	medias	obedecer	Pérez
lavar	médico	obra	perezoso
lección	mediodía	octubre	perfeccionar
leche	mejor	ocho	periódico
leer	menor	oeste	pero
lengua	menos	oficina	perro
librería	menú	oír	pesado
libro	mesa	ojos	pesar
limosna	meseta	orden	pescado
limpiar	mi	ordenar	peseta
limpio	mía	oscuro	piel
lo	miércoles	otoño	Pilar
López	Miguel	otro	pilas
los	mirar		pino
luces	mismo		pintar
luego	moda	**P**	piscina
Luis	modelo		piso
Luisa	moderno	Pablo	pista
	monedas	padre	planta
	montaña	paella	playa
LL	mucho	pagar	plaza
	muebles	país	pluma
llamar	museo	País Vasco	poco
llave	muy	pantalones	poder
llegada		papel	policía
llegar		paquete	polvo
llevar	**N**	par	pollo
llover		para	poner
	nada	parecer	porque
	nadar	pared	¿por qué?
M	naranja	parque	portal
	necesario	particular	postre
madre	necesitar	partido	precioso
maduro	negro	pasaporte	preferir
maleta	nevar	pasar	preocuparse
malo	nevera	pasear	prestar
mamá	niño	pasillo	

primero
primo
probar
problema
producto
profesor
programa
próximo
puerta

Q

que
qué
quedarse
querer
quién
quitar

R

radio
ramo
Ramón
rato
razón
recibir
recoger
recomendar
redondo
regalar
regalo
regresar
reparar
repartir
resfriado
restaurante
revisor
revista
río
rojo
ropa
rosa
roto
rubio
ruido
ruidoso

Rusia
ruso

S

sábado
saber
salida
salir
saludar
San
Sánchez
Santander
Santiago
secretaria
sed
seguir
segundo
semana
sentir
señor
señora
señorita
septiembre
ser
servir
sesión
sí
siempre
silla
sillón
simpático
sobre
sobretodo
sofá
sol
solo
sombrero
sopa
soplar
sorpresa
su
suave
sucio
sudamericano
sufrir
suma

supuesto
sur
suyo

T

tabaco
tacaño
talla
también
tampoco
tan
tanto
tarde
Tarragona
taxi
té
teatro
telefonear
teléfono
televisión
temperatura
tener
Tenorio
ti
tiempo
tienda
tintorería
tío
tocadiscos
tocar
todavía
todo
tomar
tontería
toro
tortilla
trabajar
trabajo
traer
traje
tren
tu
tú
turista
tuya

U

último
un
universidad
uno
usar
usted

V

varios
vaso
vecino
vender
vendedor
venir
ver
verano
verdad
verde
vestido
viajar
viajero
viejo
viento
viernes
vino
visitar
visón
vivir
volver
vosotros
votar
vuelta
vuestro

Y

ya
yo

Z

zapato
zorro

Expresiones

a cuadros	a menudo	debajo de	¡hola!
a dónde	¡ánimo!	delante de	mucho gusto
a la derecha	a veces	dentro de	por favor
a la izquierda	a ver	de nuevo	por la mañana
al atardecer	¡bravo!	después de	por la noche
al lado de	cerca de	detrás de	por la tarde
a medianoche	de acuerdo	de vez en cuando	por supuesto
a mediodía			

Indice

1 ¿CÓMO TE LLAMAS? 1

2 ¿DE DÓNDE ERES? 9

3 ¿CÓMO ES? 17

4 ¿CÓMO ESTÁ? 25

5 ¿QUÉ DESEA? 33

6 ¿DÓNDE COMES? 41

7 ¿QUÉ HACEMOS ESTA NOCHE? 49

8 ¿QUIÉN LLAMA? 57

9 ¿A QUÉ HORA SALE EL TREN? 65

10 ¡BIENVENIDAS! 73

11 ¿DE QUÉ COLOR LA QUIERE? 81

12 ¿QUÉ TIEMPO HACE HOY? 89

13 ¿QUIÉN ES? 97

14 ¿QUÉ ES? 105

15 CÓMPRANOS UN HELADO 113

16 ME GUSTA EL MÁS CARO 121

17 ¿HABÉIS ENCONTRADO PISO? 129

18 ¿VIVIRÁN AQUÍ? 137

19 ESTOY ARREGLANDO EL PISO 145

20 ¿YA HABLAS ESPAÑOL? 153

LISTA DE PALABRAS 161

EXPRESIONES 165